幼儿园"活教育"课程丛书　　总主编◎周念丽

"活教育"中的
托育课程建构与实施

主　　编◎蔡樟清
副 主 编◎王银初
编委主任◎程　颖

参编人员

张　虹　邹　玲　马　婷
王　杉　万　俊　袁莹莹
王嘉乐　黄雅洁　王梦兰
张田恬　张　岚　赵　豫
郭子辰

复旦大学出版社

前　言

　　2002年时任联合国秘书长的安南提出："每个儿童都应该有一个尽可能好的人生开端。"这明确指出每个儿童都应该接受良好的基础教育，引起了国际社会的反响。近年来，我国对0～3岁婴幼儿早期发展和看护重要性的认识也达到了前所未有的高度。2019年国务院办公厅颁布了《关于促进3岁以下婴幼儿照护服务发展的指导意见》，在该意见中，国务院明确提出了我国对0～3岁婴幼儿照护的总体要求、主要任务和保障措施，为我们指明了具体的努力方向。国家卫生与健康委员会紧随其后，发布了《托育机构设置标准（试行）》。这些文件都昭示了国家层面对0～3岁婴幼儿早期发展的重视，也激发了我们更多地关注0～3岁婴幼儿的健康、语言、认知、情感和动作等发展的热情。

　　然而现实却不容乐观，虽然托育机构和早教中心的开办如雨后春笋，但相关工作人员以及家长对0～3岁婴幼儿早期发展的规律和特点却不甚了然，特别是托育机构的课程几近于无，即使有部分机构有所谓的课程，但也大都以意大利的"蒙氏教学"、英国的"EYFS"为招牌，将"感统训练""奥尔夫音乐"等掺杂其中，以此作为招徕家长的噱头。因此，通过建构具有中国民族特色的托育机构课程，来真正落实国务院的指示精神，我们任重而道远！

　　本书为建构托育机构课程的实践之作。在建构课程之际，我们力图做到理论性与实操性的密切结合。

　　理论上注重将陈鹤琴和陶行知两位先生共同倡导的"活教育"理论作为课程的根基。为培养具有"中国心、世界眼"的幼儿，在课程建构之前，就先请全体参编人员认真研读"活教育"理论的一些原著，当大家都能认真领会后，不仅在环境创设上，更在每一个活动设计时都能贯穿"大自然、大社会都是活教材""做现代中国娃"的思想。

　　实践上强调了"活""整""分"三个特点。

　　所谓"活"，就是把幼儿身边的自然和人文资源都活用起来，且特别强调生活活动的设计与实施。

　　所谓"整"，就是通过"大自然""大社会"两条主线，将贯穿一年四季的活动有机地整合起来，每月都有相应主题，让一线教师在实践中能做到形散神不散。

　　所谓"分"，就是将在托育机构中的幼儿分为大月龄或已在园一段时间的组和小月龄或刚入园的组,以此引导一线教师在实践过程中,能真正以幼儿为中心,根据不同组别幼儿的情况进行适宜的个别化保教。

本书由华东师范大学教授、上海建桥学院特聘教授周念丽老师负责托育课程及本书框架结构的搭建与审核,绿城儿童发展研究院的蔡樟清、王银初、袁莹莹、王嘉乐、黄雅洁、张岚、赵豫、郭子辰全程参与了课程建构的讨论,时为华东师范大学团队的程颖、邹玲、马婷、王杉、万俊以及绿城儿童发展研究院的王梦兰、张田恬进行了活动撰写,最后由程颖统稿成文。

课程建构前后历经3年,修改或几近重写达18次之多,尽管如此,但依然难免有挂一漏万之处。

本书在撰写过程中得到了浙江绿城育华教育科技有限公司的大力支持,复旦大学出版社赵连光编辑的热情指导,在此一并表示感谢!

编写组
2021 年 8 月 12 日

目　录

- **第一章**　课程绪论 001
  - 第一节　理论基础 001
    - 一、核心理论"活教育" 001
    - 二、关联理论"积极心理学" 004
  - 第二节　建构过程 006
    - 一、目标的确立 007
    - 二、内容的选择 009

- **第二章**　环境创设 014
  - 第一节　理论基础 014
    - 一、"大自然"视角 014
    - 二、"大社会"视角 015
  - 第二节　创设思路 016
    - 一、主题环境创设 019
    - 二、区角环境创设 024

- **第三章**　生活活动设计与实施 033
  - 第一节　理论基础 033
    - 一、核心概念 033
    - 二、重要启示 034
  - 第二节　四大主要环节 035
    - 一、入园、离园环节 036
    - 二、饮食和睡眠环节 042
    - 三、如厕、盥洗环节 048

四、转换过渡环节......053

第四章　主题活动设计与实施......057

第一节　自然资源主题......057
　　一、丰收的季节......058
　　二、冬爷爷来了......070
　　三、春天来了......081
　　四、小小世界......093
　　五、欢乐的夏天......106

第二节　人文资源主题......120
　　一、我爱奇妙园......121
　　二、我和我的家......132
　　三、团圆年......142
　　四、能干的我......154
　　五、再见，奇妙园......165

第一章 课程绪论

"三心"幸福娃课程(以下简称"'三心'课程")是基于陈鹤琴先生的"活教育"理论创设的一套托育机构课程,本章从"核心理论"和"关联理论"两个方面阐释该课程的理论基础,并在理论基础上从目标和内容两个维度分别说明课程建构的过程。

第一节 理论基础

"三心"课程基于两大理论:核心是陈鹤琴先生的"活教育"理论,其次是关联的积极心理学理论。

一、核心理论"活教育"

"活教育"理论是陈鹤琴先生教育思想的精华,是他经过长期研究、实践的经验总结,同时也是具有中国化、科学化、大众化特质,较为系统、完整、呈现体系化特质的基础教育理论[①]。

在中华民族崛起和呼吁民族自信的大环境下,在对于照搬国外教育理论的反思思潮下,我国学前教育之父陈鹤琴先生提出的"活教育"理论对于托育课程的影响力日益突出。"活教育"理论虽然受到西方教育思想启发,却具有鲜明的中国特色,从诞生之时就被赋予"成熟为一种适合时代需要,符合民族精神的完善的教育制度"的热切期待。对于当代托育课程的本土化发展有着重要的指导意义。

什么是"活教育",简言之,就是"不是死的教育",书本主义的教育就是死的教育[②]。面对"读死书、死读书、读书死"的幼儿教育与生活脱节的现状,陈鹤琴先生通过长期的教育实践,提出了"活教育"学说。下面从"活教育"的目的论、课程论、教学论、关系论四个

---

① 陈鹤琴:《活教育》,南京师范大学出版社 2012 年版,第 1 页。
② 陈鹤琴:《活教育》,南京师范大学出版社 2012 年版,第 138 页。

方面来说明"活教育"以及对"三心"课程的启发。

(一)"活教育"目的论

陈鹤琴先生认为"活教育"的目的是"做人、做中国人、做现代中国人"[①]。"真正做人"是"活教育"的核心内涵。对"做人"的追求源于中国优秀传统文化,要将中国优秀传统文化的"基因"植入教育思想和实践中。目的论的三个层次分别是民族性、现代性和世界性,解决了自然人、社会人、民族人和现代性的世界人的关系。

"做人"是教育最起码的任务,要做一个健康的人、一个积极向上、幸福的人。俗话说:"三岁看大。"对三岁前幼儿的"做人"的培养和塑造,将对幼儿产生终身的影响。

"做中国人"说明人是受遗传和环境的限制的,教育则是一种适应和一种改变,做中国人是对国家有热爱、有归属感,对中国文化有自豪感。

"做现代中国人"不要墨守成规,做现代中国人要具备一些条件:健全的身体、创造的能力、服务的精神、合作的态度,并要有世界的眼光。

"活教育"目的论具有强烈的时代精神和现代气息,对于我们今天的课程教育目的具有极强的指导意义。

"三心"课程没有生搬硬套国外的教育理念和课程内容,而是基于中国本土文化和环境创设的适合中国幼儿的本土化课程,它带领幼儿去看自己的周围,感受中国以及当地的自然、社会环境特点,培养幼儿的民族自豪感和归属感。

在"三心"课程中,还注重对幼儿运动能力的培养,引导幼儿发展创造力,激发幼儿关心、关爱他人也就是"善心"的能力,鼓励幼儿与他人合作,还格外重视幼儿在立足本土的基础上展望世界,让幼儿关心关注大自然和大社会。同时,课程与时俱进,注重时代特点和世界的眼光,力图培养幼儿"做现代中国人"。

(二)"活教育"课程论

陈鹤琴先生认为,大自然、大社会都是活教材。"活教育"的课程是把大自然、大社会作为出发点,让幼儿直接向大自然、大社会去学习。传统的课程注重书本的知识、间接的知识传递,而"活教育"课程希望从大自然、大社会当中寻找和发现"活"的教材,保持教材的"活性",保证课程与周围环境的实时联结,确保幼儿与大自然和大社会保持直接的互动和联结,与生活和社会现实紧密相连,让幼儿获得直接的活知识,获得直接的经验。

"大自然、大社会的活教材"是内容丰富的,是生机勃勃的,它是让幼儿根据自己的知识体系去认知、去积极主动地发现,自己去做、去完成的,同时也是有目的、有意义、成系统的课程。"三心"课程以"大自然、大社会"为课程主线,将课程划分为两大领域:"自然环境"和"人文环境"。紧密结合幼儿的经验和环境,创设出一系列基于自然、人文社会维

---

① 陈鹤琴:《活教育》,南京师范大学出版社2012年版,第3页。

度的、接近幼儿身边的、可以接触到真实事物的课程,让幼儿在课程中直接、主动与周围的自然和人文社会环境发生联系。

基于"活教育"理论的课程论,需要有两个特征:凡与幼儿有关联的一切人、事物,园内的一日活动、家庭中的亲子活动均为课程;课程强调扎根中国社会,关注生活,浸润优秀文化。"三心"课程关注幼儿的一日活动,把课程贯彻到幼儿一日活动的方方面面,把与幼儿相关的人和事物也考虑进课程范围,并把家园共育作为课程的重要组成部分,在与幼儿相关的环节当中都蕴含着课程、潜课程以及微课程。"三心"课程还强调课程的本土化,不仅考虑到中国文化的特色,而且考虑到课程诞生地——杭州的特色,把杭州当地的优秀人文、自然文化吸收进课程当中,真正让幼儿关注到周围的生活,让课程真正"活"起来。

(三)"活教育"教学论

陈鹤琴先生在杜威"做中学"的基础上提出了"做中学,做中教,做中求进步"这个教学论。幼儿要获得真实的"活"知识,需要在"做中学";要实现"活教育",教师要做到在"做中教";而且这个教学论还突出了以幼儿为学习主体的思想,幼儿应该在主动学习的过程中成长起来,教师与幼儿共同在"做中求进步"。

在教师"做中教"、幼儿"做中学"的互动中,教师在做中启发幼儿的好奇心,激发幼儿的学习兴趣,让幼儿真实地与大自然、大社会进行接触,亲自参与到对周围环境的发现与观察,在做当中进行探索、认知和总结,更新、建构自己的知识系统。同时,教师也随着幼儿的"做"时时调整"教",也能实现自己的发展与进步。

陈鹤琴先生提出的十七条教学原则中,非常强调儿童"做"的重要性:"凡是儿童自己能够做的,应当让他自己做;凡是儿童自己能够想的,应当让他自己想;你要儿童怎样做,就应当教儿童怎样学;鼓励儿童去发现他自己的世界。"

正如陈鹤琴先生说的:"直接经验,自己思想,是学习中的唯一门径。"在"三心"课程中,鼓励幼儿去做一切力所能及的事情,比如自己收拾餐盘、自己擦桌子、自己脱裤子等等,即使幼儿在做的时候有一定的困难,也不一定能够完成得好,但是教师尽量鼓励幼儿自己去完成,并且在课程中教师不是教授幼儿知识,而是鼓励幼儿自己去发现,自己去思考,自己去感受那个"悟"的瞬间。"儿童的世界,是儿童自己去探讨、去发现的。他自己所求来的知识,才是真知识,他自己所发现的世界,才是他的真世界。"

(四)"活教育"关系论

"活教育"是以儿童为中心,把儿童放在教育的核心位置。作为成人,要从儿童心理学出发,去认识儿童,了解儿童的内心世界和需求,真正尊重儿童,一切为了儿童,为了儿童的一切。

"一切适合于幼儿发展的课程都值得去探究。""三心"课程就是以幼儿该年龄阶段的心理发展特点和所达到的能力为出发点,围绕幼儿的身边环境和兴趣点设置课程主题和活动方案,在给活动方案设立教育目标时,充分考虑幼儿的已有经验,在幼儿已有经验基础上创设一定的挑战,让幼儿"够一够摘果子",并且考虑到一岁半到三岁幼儿的能力分级差异较大,所以在活动目标的设定上,采取"宝塔错位"的目标设定法,分为两级目标:小月龄或能力弱的幼儿能达到的目标;大月龄或能力强的幼儿能达到的目标。

"三心"课程在创设活动形式、活动环节的过程中,会以幼儿喜欢的方式唤起他们的注意,让幼儿主动去探索、去发现,让幼儿在活动中去做,去获得直接经验。

"三心"课程在环境创设方面,也是以幼儿为中心的,尽量让幼儿参与到环境创设当中,从幼儿的视角出发,创设真正以幼儿的兴趣和需求为中心的环境,把环境的主人角色真正交还给幼儿。

二、关联理论"积极心理学"

积极心理学是心理学崭新的一块领域,是在1998年由美国心理学会主席马丁·塞里格曼首先提出的。之所以提出"积极心理学",是因为传统心理学主要致力于人类问题的解决和补救,聚焦在心理疾病的研究上,关注抑郁、痛苦和创伤,而积极心理学提议修正这种不平衡,呼吁心理学不仅要关注疾病,也要关注人的力量,要帮助健康的人们实现人生的价值。这门学科着重研究那些使生命更有价值和更有意义的东西。

不同于关注疾病和困难的理论,积极心理学关注的是人们怎样能获得健康和幸福,致力于帮助普通人获得幸福生活。积极心理学倡导心理学的积极取向,采用科学的原则和方法来研究人类的积极心理品质,关注人类的健康幸福与和谐发展。

积极心理学能够帮助人们养成积极的心态,一个人快乐、幸福与否的主导因素都是内心的状态,而不是所处的境遇或者命运决定的。积极心理学能够帮助一个人在遇到挫折和逆境的时候保持积极的心态,看到积极的一面,从而坚持走出逆境。积极心理学还能教会人们和谐地与自己相处,正确地认知自己、调节自己,与自己和谐相处后才能与外界世界和谐共处。积极心理学还教会人们如何体会幸福和快乐,调节负面情绪,从而最终实现幸福、快乐的人生。"三心"课程期待从积极心理学里汲取教育启示,期待从中为幼儿找到开启幸福大门的人生钥匙。

下面从"积极情绪体验、积极人格特质、积极他人关系"三个维度来描述和理解美好生活的完整图式。

(一)积极情绪体验

积极的情绪体验包括幸福、乐趣、敏锐和愉悦等。在人处于压力的困难环境下,体验这些积极情绪可以使人获益。

1. 愉悦、喜悦

从积极心理学的解释来说,愉悦、喜悦包含了一些主观的积极心理状态,愉悦可以是强烈的、兴奋的和集中的——这种情况下我们称之为欣喜或狂喜,或者它也可以是安静的、成熟的和弥漫的,我们把它叫作满足或者平静①。

在"三心"课程中,我们创设让幼儿感觉安全和愉悦的环境,教师与幼儿的沟通是带着尊重和平等、包容的态度的,让幼儿感到与教师的沟通是愉悦的。并且在幼儿的活动当中,教师以鼓励和支持为主,让幼儿从自我探索、自我发现和自我进步当中感受到欣喜和满足的感觉。

2. 幸福

幸福感是什么呢?幸福感跟愉悦感有关,但是它的定义范围要远比一瞬间的愉悦感要宽广得多②。

人本主义心理学家马斯洛将人的需求分成了五个层次:生理需求、安全需求、社交需求、尊重需求、自我实现需求。其中生理需求包括吃、喝、拉、撒、睡等需求,是人最基本直接的需求;安全需求包括受到保护、稳定、安全的需求。生理需求和安全需求是婴幼儿时期最主要的需求,当婴幼儿的生理和安全需求得到满足的时候,就会产生幸福感。在婴幼儿后期也会产生社交的需求、尊重的需求以及自我能力实现的需求,在幼儿交到朋友、自我的能力得到发挥和肯定,得到其他人的肯定和表扬时,幼儿都会产生幸福感。

柏拉图说:"教育的主要目的就是要教会年轻人从正确的事情中找寻愉悦。""三心"课程的目标之一就是培养充满幸福感的幼儿,在课程当中如何促进幼儿从符合"三心"的事情中找寻到快乐,感受到快乐,这需要积极心理学理论的支持。

"三心"课程的目标是培养有幸福感的幼儿,课程当中强调的和谐的人际关系、乐观品质、自尊感和能力感、互助友爱和合作的方式对于幼儿的幸福感都是关键性的提升因素。

(二) 积极人格特质

积极人格特质,也被称为正面人格特质,包括乐观、专注力、好奇心、毅力、诚实、勇气、真诚、勤奋等。

1. 乐观

关于乐观的定义,人类学家林耐尔·泰格给出的是:"一种情绪或态度,与对未来的社会或物质生活的期望相关——一种对自己有益或者能带给自己愉悦的社会期望的评价。"③

乐观跟坚定不移、毅力有关,是一种积极正向的人格特质。在"三心"课程建构中,我们注重培养幼儿的乐观精神,以促进幼儿将来用乐观态度去面对问题、解决问题,并对自己有正面积极的期待和评价。

---

① 克里斯托弗·彼德森:《积极心理学》,群言出版社 2010 年版,第 34 页。
② 克里斯托弗·彼德森:《积极心理学》,群言出版社 2010 年版,第 55 页。
③ 克里斯托弗·彼德森:《积极心理学》,群言出版社 2010 年版,第 82 页。

2. 好奇

好奇心是能够对周围的事物感兴趣,认为这些事物是富有吸引力的,并且乐于去探索和发现。

好奇心是"三心"课程中非常注重的正向人格特质之一。对于托育机构中年龄偏小的幼儿,好奇心显得尤为重要,所以"三心"课程中接近一半的课程都是在强调培养幼儿的好奇心、保持幼儿的好奇心。

3. 坚持

坚持是指能善始善终,即使存在艰难险阻,也要坚持完成自己的任务,并享受任务完成时的愉悦感。

"三心"课程强调对幼儿信心和毅力的培养,培养幼儿对自己能力的信心,在遇到问题的时候不退缩,能够坚持完成。

(三)积极他人关系

积极心理学认为他人很重要,建立积极的他人关系,也就是建立积极的人际关系,这对于人们的健康起着至关重要的影响。

1. 团队合作

作为团队或小组中的一员,应做好自己的工作,并忠于团队,愿意跟团队的其他成员分享。"三心"课程注重培养幼儿的团队合作精神,特别是针对托育机构中年龄稍大一些的幼儿,团队协作能力的培养越来越重要。

2. 善良

善良是助人为乐、与人为善、关心照顾别人的一种正向积极人格品质。"三心"课程强调对幼儿善心的培养,拥有爱的能力,这是维系与他人关系和环境关系的最重要的一项人格素养。

3. 感恩

感恩是敏锐地观察和感激生活中发生的每一件好的事情,花时间去表达感恩之情[①]。"三心"课程特别强调幼儿需要有感恩之心,能对食物、物品、周围的人抱有一颗感恩之心,懂得在活动中表达感恩之心,并鼓励幼儿用语言和行为进行感恩的表达。

第二节 建构过程

结合理论基础,下面从"目标的确立"和"内容的选择"两个维度分别阐释课程建构的过程。

---

① 克里斯托弗·彼德森:《积极心理学》,群言出版社 2010 年版,第 102—105 页。

一、目标的确立

"三心"课程目标的核心是"中国心、世界眼",在这一个目标核心下延伸出"三心"的育人目标和"九宫格"的细分目标。

(一) 中国心、世界眼

现今幼教界充斥着各种国外的课程名词,众多幼儿园、托育机构都打着国外教育理念的旗号作为教育的卖点,而教师、家长也总是盲目追随国外教育,这种课程"崇洋媚外"的现象,造成了许多课程落地时"水土不服"。在此时代背景下,"三心"课程提出的培养目标为:具有"中国心、世界眼"的快乐、自信、阳光的幸福儿童(图 1-1)。

图 1-1 "三心"幸福娃阳光儿童①

"中国心"指的是要有中国立场,对国家、民族和文化要有归属感和认同感,要对中华文化有自信。"世界眼"指的是要有世界视野,要杜绝狭隘的民粹主义,要有放眼世界的眼光,以达到费孝通先生所提出的"各美其美,美人之美,美美与共,天下大同"。文化既是民族的也是世界的,发现自身之美,然后发现和欣赏他人之美,互相欣赏、互相赞美,这才是"中国心、世界眼"的培养目标。

"中国心、世界眼"符合"活教育"关于"做人、做中国人、做现代中国人"的教育目的要

---

① 照片由绿城教育奇妙园提供。

求,即培养具有中国情怀、中国心和世界眼光的幼儿。

"三心"课程在具体实施过程中,所有的课程主题及活动安排都是围绕以上目标进行设置的,课程既立足于幼儿自身生活的环境,强调中国文化的特色,又兼具一些让幼儿放眼世界的课程内容。例如,立足杭州西湖独特的文化特色的课程设置有"宝宝游西湖"主题,幼儿在这个主题里感受杭州西湖的美景,观察西湖边的树和小动物们,欣赏西湖的碧波荡漾和游船,并学习用音乐、美术等方式来表现西湖的美景。

(二)"三心"与"九宫格"

在"中国心、世界眼"的目标下,衍生出"三心"育人目标和"九宫格"的细分目标。

1."三心"定义

"三心"课程从"中国心、世界眼"中衍生出的"三心"育人理念,包含了"好奇心""信心"和"善心"。"三心"分别代表的含义如下:

(1)好奇心:对未知事物充满兴趣,愿意主动探索。已有言语能力的幼儿喜欢发问,也愿意运用感觉通道积极主动探索新事物。好奇心是幼儿学习的重要内在动机之一,是幼儿的学习品质特征,陈鹤琴先生也指出:"好奇心对于幼儿之发展,具有莫大作用。"

"好奇心"是幼儿探索世界的起点,这个年龄段幼儿对世界充满了好奇心,是培养幼儿"中国心、世界眼"的开始,也是重要的关键期。

(2)信心:积极认识与肯定自己的优势和能力。信心的表现有:能够积极认识、认可和悦纳自我;积极主动参与各项活动;敢于挑战并能坚持探索。信心是幼儿的人格倾向性特征,包括自尊、自信、独立、勇敢、健康等。

"信心"是保持积极状态、积极心理的核心概念,也是奠定人生成功的基石,这个年龄段开始产生了自主感,自我意识开始萌芽,也掌握了大量的技能,如走、跑、说话、涂鸦等,这时候外界对幼儿的鼓励和支持,会让幼儿建立自信心,在幼儿人格内部形成"坚持、有毅力、乐观"等意志品质。

(3)善心:善待自己与环境。能够觉察及满足自己合理的身心需求,能够尊重和爱护周边的人际与物理环境。善心是幼儿的社会性特征,包括礼貌、感恩、仁爱、包容、合作等。

中国传统文化强调"上善若水",这是中华文化的精髓,"善心"是"中国心"的核心内容,也是具备"世界眼"的开端。

拥有"三心"不仅有益于幼儿,也同样有益于教师和家长。在"三心"课程当中,教师和家长也需要对幼儿充满善心和爱心,对幼儿有信心,对自己有信心,对幼儿和幼儿关心、感兴趣的事物要充满好奇心和童心。

2."九宫格"定义

"三心"课程基于积极心理学理论,提取出"积极情绪体验、积极人格特质、积极他人关系"三个维度,聚焦积极心理学九大核心概念(关怀、合作、感恩、责任、自豪、乐观、毅力、兴趣、喜悦),创设出"三心"细分维度——九宫格(表1-1)。

表1-1 "三心"课程的"九宫格"

善心	信心	好奇心
责任	自豪	兴趣
关怀	毅力	喜悦
合作	乐观	
感恩		

其中,"善心"可以细分为"责任""关怀""合作""感恩",善心及细分维度尤其凸显了中国文化的精髓;"信心"可以细分为"自豪""毅力""乐观",信心及细分维度是奠定人生成功的基石;"好奇心"可以细分为"兴趣""喜悦",好奇心及细分维度是探索世界的起点。

3. "三心""九宫格"的实施

围绕"三心""九宫格"的课程实施同样体现在每一个活动方案的目标、过程和评价当中。根据托班幼儿的发展特点,"三心"课程从"好奇心""信心""善心"三个维度规划了生活活动、游戏活动和学习活动的内容。

每一个活动(含生活活动、游戏活动和学习活动)的第一个活动目标紧扣的是"三心",以突出该活动重点聚焦的是哪一个"三心"维度。"三心"课程活动目标中,"好奇心"占比大约是40%,"信心"占比大约是40%,而"善心"大约占比20%,占比符合托班幼儿的心理发展特点。第二个活动目标就是紧扣"三心"的细化维度——"九宫格"。

在活动过程当中,紧密围绕"九宫格"的目标来开展,最终的课程评价系统也是围绕是否达到"九宫格"的目标来进行评价的。

以游戏活动"神秘的口袋"为例,第一个活动目标紧扣"好奇心"维度,第二个活动目标紧扣"好奇心"细分的"喜悦"维度。

神秘的口袋

"三心"目标:好奇心　　　　　　　　　　　　　　　　"三心"细化:喜悦

聚焦领域:感知觉发展、认知发展

★ 活动目标

1. 对用手触摸各种娃娃、毛球、小鱼、贝蒂熊等玩具并猜一猜感到好奇。
2. 为自己能触摸并发现各种玩具的不同感到喜悦。

二、内容的选择

"三心"课程从大自然、大社会的两大环境进行内容选择,划分了十大主题,并通过四大路径来实现,六大领域来组织。

(一) 两大环境、十大主题

按照"活教育"理论对于大自然、大社会的活教材划分,"三心"课程划分为"人文环境"和"自然环境"两大环境主题,分别对应幼儿在日常生活当中所处的托育机构、家庭等社会环境,以及季节、地理、动植物等自然环境。

在这两大主题下又划分出10个二级主题,40个三级主题(图1-2)。

图1-2 "三心"课程主题思维导图

(二) 四大路径

"三心"课程以独创的"三心、九宫格"为目标,根据幼儿的一日活动流程,通过生活活动、游戏活动、学习活动与家园互动四个路径(图1-3)来实施,共创设了640个活动。

1. 生活活动

"三心"课程强调生活活动课程化,将生活活动提升到非常重要的地位。在幼儿一日生活的四大生活环节(图1-4)中合理设置目标和资源,通过照护者有意识的引导,让幼

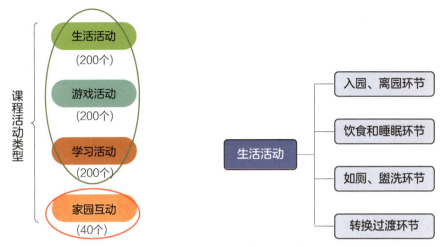

图 1-3 "三心"课程四大路径　　图 1-4 生活活动四大生活环节

儿在真实的生活情境中自主、自觉地发展各种生活自理能力,形成健康的生活习惯和交往行为。

生活活动采用"冰糖葫芦串式"的活动设计方法(图 1-5),把幼儿的一日生活活动一步步进阶式地串联在一起。

生活活动充分利用童谣等有趣的游戏方式,让幼儿在有趣的活动方式下学习并养成生活好习惯。生活活动具体方案见本书第三章。

2. 游戏活动

"三心"课程中的游戏活动指的就是区角活动,也叫个别化活动。区角活动是幼儿在游戏区(或称活动角、活动区)中所进行的某种特定活动,是集体教学活动的拓展和延伸,既弥补了集体教学活动的局限性,又满足了幼儿个性化的发展需要。"三心"课程的游戏活动分为九大区角,分别为"角色扮演区""表演区""创意区""感官实验区""精细动作区""大动作区""听读区""种植饲养区"和"益智区"。游戏活动具体方案见本书第四章。

"冰糖葫芦串式"活动设计:
1. 卷袖子洗手
2. 噗噗噗,按下洗手液
3. 我会洗手
4. 擦完手后挂毛巾
5. 我来帮你洗手
……

图 1-5 生活活动设计方法

3. 学习活动

陈鹤琴先生认为:"你要儿童怎样做,就应当教儿童怎样学。"在"三心"课程中,只要能考虑到幼儿真实的发展需求和兴趣,想要达到"中国心、世界眼"的目标,我们依然可以通过集体教学实现"学习"的目的,激发幼儿主动探索、积极体验,使幼儿在认知能力和态度上不断进步。

游戏活动和学习活动是根据主题配套设计的,学习活动具体方案见本书第四章。

4. 家园互动

家园互动是最高级的合作。"三心"课程将家园互动纳入课程,让父母学会理解幼儿的行为,学习如何使自己的教养方法与幼儿的行为风格相匹配,帮助幼儿平稳度过情绪发展的关键期。

家园互动与生活、游戏、学习活动在内容上也是相关联的,家园互动具体方案见本书第三、第四章。

(三) 六大领域

"三心"课程的六大领域中有五大领域源于陈鹤琴先生的"五指活动课程","五指活动包含五类活动:健康活动、社会活动、科学活动、艺术活动和语文活动。又因人的认知源于感知觉通道,而1.5～3岁幼儿的学习多来源于感知觉,所以在"五指活动课程"基础上增添了"感知觉发展"领域。

六大发展领域(表1-2)根据托育机构幼儿的年龄发展特点,将"健康活动"聚焦于"动作发展","社会活动"演化为"情绪和社会性发展","科学活动"演变为该年龄段的"认

表1-2 "三心"课程六大发展领域

发展领域	序号	发展项目
感知觉发展 Sensory Perception Development	1	视觉发展
	2	听觉发展
	3	触觉发展
	4	味觉发展
	5	嗅觉发展
动作发展 Motor Development	1	粗大动作
	2	精细动作
语言发展 Language Development	1	言语知觉
	2	言语理解
	3	沟通表达
	4	阅读
情绪和社会性发展 Emotional & Social Development	1	情绪表达
	2	情绪理解
	3	情绪控制
	4	与成人的关系
	5	与同伴的关系
	6	与环境的关系
认知发展 Cognitive Development	1	注意发展
	2	记忆发展
	3	思维发展
艺术表现发展 Artistic Expression Development	1	艺术欣赏
	2	材料探索
	3	想象创造

知发展","艺术活动"聚焦在适合该年龄段的"艺术表现发展"上,"语言发展"对应"语文活动"。又因"感知觉发展"是托育机构幼儿在该年龄段的重要发展领域,所以加上"感知觉发展"领域,共同构成了"三心"课程的六大领域:感知觉发展、动作发展、语言发展、情绪和社会性发展、认知发展和艺术表现发展。

在课程实施的过程中,主题活动中的每个游戏活动和学习活动主要聚焦了两个发展领域,以表明该活动的重点在于发展幼儿这两个领域的能力。

以学习活动"猜猜我是谁"为例,该活动聚焦了"情绪和社会性发展"与"认知发展"两个领域。

猜 猜 我 是 谁

"三心"目标:好奇心　　　　　　　　　　　　　　　　　　　"三心"细化:兴趣
聚焦领域:情绪和社会性发展、认知发展

(四) 课程评价

作为完整的课程体系,课程评价是不可缺少的一环。"三心"课程评价的主体为园长、教师、专家,还包括幼儿和家长;课程评价的客体包括课程方案、实施过程和课程效果。课程评价中,对课程方案的适合程度、幼儿的学习效果和教师的行为方面都围绕"三心""九宫格"的目标进行了评估。限于篇幅本书省略了这部分内容。

第二章 环境创设

在陈鹤琴先生的"活教育"思想指引下进行了"三心"课程环境创设,下面从课程环境创设的理论基础和思路两个方面说明"活教育"对"三心"课程环境创设的启示。

第一节 理论基础

秉承"中国幼教之父"陈鹤琴先生的"活教育"思想,以"大自然、大社会都是活教材"的理念,"三心"课程将环境创设分为"自然环境"创设和"人文环境"创设。

一、"大自然"视角

下面从活教育"大自然"理论的基础和"三心"课程"自然环境"的定义两方面来说明"三心"课程的"自然环境"创设。

(一)"自然环境"的理论基础

陈鹤琴先生指出:"大自然是我们最好的老师,大自然充满了活教材,大自然是我们的教科书。""大自然中的各种事物和现象是儿童自主、自发进行科学探究的对象。"气象万千、无可穷尽的自然界是幼儿的经验宝库,在大自然中,小到小昆虫、花花草草,大到天上的星星、月亮、云朵,都能够成为幼儿探索发现的对象。

陶行知先生提出要"解放儿童的时间""解放儿童的空间",就是说要给予他们更多活动的自由。幼儿的思考、发现、体验都需要长时间浸入在环境中,在自然环境中,他们要去听、嗅甚至是尝,他们要去打滚、钻爬、躲藏,他们要交谈、嬉戏、发呆……这些都是幼儿与自然相处的方式①。

大自然是生动的、全面的和最有力的教育手段之一,自然环境在幼儿的教育中有着

---

① 黄进:《教育视野中的自然环境》,《幼儿教育》2018年第Z4期。

重要的教育价值,对缺乏与大自然环境接触的现代幼儿来说,自然环境和自然教育更是有着不可取代的作用。大自然中的事物,能够真正地唤起幼儿的好奇心和探索欲,能够培养幼儿的观察力、想象力和科学探索精神。而且在大自然中,幼儿的观察、奔跑、游戏、劳动,既能满足其运动的需要,有益身心健康,还能锻炼毅力,增强信心。在大自然纯正的美当中,对幼儿进行了美的教育,其间,幼儿关心自然、与自然交互,也培养了幼儿的善心和爱的能力。

(二)"三心"课程的自然环境的定义

自然环境指的是人周遭的一切自然因素的总和,指的是由水土、地域、气候等自然事物所形成的环境,是相对于内部自然、社会环境而言的"外部自然"。

"三心"课程的"自然环境"是指大自然、社区和托育机构的宏观、中观和微观三个层面的生态环境。

大自然包括了幼儿所处的国家地区的季节更替、地理风貌和典型的自然环境特色,比如"三心"课程依托于浙江杭州的大自然背景,设置了"宝宝游西湖"的主题活动,让幼儿感受自己所处地区的大自然的美。

社区包括幼儿的托育机构和家所处的小区环境、周边设施等,小区里的花草树木、绿地都是幼儿的自然环境。比如"三心"课程设置的"捡树叶、捡花瓣"等活动就需要幼儿去到社区里寻找和发现落叶与花草。

托育机构是指围绕托育机构而言的环境。虽然对于托育机构来说,自然环境是有限的,但是仍然可以在托育机构中尽可能以自然教育的方式来让幼儿接触自然环境,课程会尽可能创造幼儿接触自然的机会,因地制宜地为幼儿提供自然性材料。在托育机构当中,自然环境包括春夏秋冬四季当中教室内外植物、动物的变化,风雨雷电、风云变幻,太阳、星星和月亮,一切自然的事物和自然的材料都可以成为幼儿的自然环境和自然教育素材。在"三心"课程中也鼓励幼儿在与大自然的接触当中,尽情地用自己的五感去感受、发现、探究,在大自然中获得最真实、最直接的体验。

二、"大社会"视角

下面从活教育"大社会"理论的基础和"三心"课程"人文环境"的定义两方面来说明"三心"课程的"人文环境"创设。

(一)"人文环境"的理论基础

陶行知先生提出"生活即教育",主张"社会即学校",整个社会范围即整个的教育范围。丰富的社会生活中蕴含着丰富的课程潜能。环境育人,靠的是环境中的人、事、物所形成的一切物质和文化形态的综合影响。所以,只有将社会变成学校,才能实现"生活即教育"。幼儿的生活离不开社会,主要是离不开社区。认识社区资源的课程价值,开发并利用社区资源,就为扩大化的学校教育提供了有益的助力,也保证了学校教育满足社会对儿童发展的要求,并能培养儿童对社区的认同感和归属感,加速儿童个体社会化的进程①。

陈鹤琴先生提出:"大社会是我们的活教材。让儿童在与社会的直接接触中,亲身获取经验。"对于幼儿来说,经常接触的周围的人文环境包括家庭、学校、同伴、社区等,都对幼儿的发展具有很大的作用。陈鹤琴先生注重在社会人文环境中教育儿童,发展儿童。他主张:"儿童的世界是儿童自己去探讨、去发现的,大自然、大社会是幼儿最真实的、最丰富的、最具吸引力的学习环境。"我们应该带幼儿认识周围的社会人文环境,让幼儿发现和探究大社会的方方面面,让幼儿获得最真实的感受,在与周围的人文环境进行接触和探究的过程中学会生活、学会做人。

(二)"三心"课程的人文环境的定义

人文环境是专指由于人类活动产生的周围环境,是人为的、社会的、非自然的环境。

美国心理学家布朗芬·布伦纳的生态系统理论,把人类成长的社会人文环境(如家庭、机构、社区等)看作一种社会性的生态系统,把人文环境分为四个层次:微观系统、中间系统、外在系统和宏观系统。对于托育机构当中的幼儿来说,因年龄幼小的缘故,微观系统是他们最主要、最重要的人文环境层次,也就是指与幼儿有切身关系的生活环境,包括家庭、学校、同伴。其次是中间系统的影响,中间系统是指各微系统之间的联系或相互作用,学校、家庭之间积极的联系,包括幼儿与同伴之间积极的相处模式,以及积极的社区支持体系,都能让幼儿的发展实现最优化。同时,幼儿也受到外在系统和宏观系统的影响,也就是父母的工作环境、社区资源和社会文化、亚文化的影响。

"三心"课程中的人文环境涉及宏观、中观和微观环境:宏观的人文环境涉及中华文化和本土文化,比如"三心"课程涉及中国的传统节日的主题,还涉及杭州当地的江南民俗文化等内容,中观的人文环境包括社区的文化资源,微观的人文环境包括师幼、幼幼互动及家园互动等。

第二节 创设思路

幼儿是环境的主人,陈鹤琴先生曾说过:"儿童的世界是儿童自己去探讨去发现的,他自己所求来的知识才是真知识,他自己所发现的世界,才是他的真世界。"课程中的环创以幼儿的视角创造,并以教师引导、幼儿参与的方式进行创设。这种主动引导的方法,能让幼儿循序渐进、有信心、有动力地去学习,并获得直观的感受;能让他们一目了然自己和别人的作品(图2-1),在潜移默化中学会欣赏他人所长,知晓被人欣赏会增添信心、

---

① 四川省陶行知研究会:《陶行知生平及其生活教育》,四川教育出版社,2008版,第47页。

图 2-1 作品墙

发挥潜能,从而在环境中产生一种亲切感、成就感和满足感,激发充分与环境相互作用的动力。

陈鹤琴先生说:"环境中有许许多多的事,初看看与你教的没有关系,仔细研究研究看,也可以变成很好的教材,很好的教具。"教师充分发掘利用周围的自然环境和社会环境,利用环境中的事物制作成教具(图 2-2)。

结合"三心"课程的设置,教师在幼儿的周围环境中增添了可以互动的墙饰和教具,让幼儿充分与周围环境进行积极的互动。互动性墙饰(图 2-3)和教具丰富多元,材料适

图 2-2 教师自制教具

图 2-3 互动性墙饰

宜多样，数量充足，让幼儿从多种角度获取经验，也充分满足幼儿进行自主性游戏和探索活动的需要。

其中主题台是提供幼儿主动探索、发现、操作、展示的区域，并且是体现家园共育的一个展示平台。成人会与幼儿共同围绕一个主题收集教育资源，并集中展示在主题台，为幼儿注意力的发展提供条件，提升环境潜在的教育功能。例如，图 2-4 是秋季主题台。

图 2-4　主题台——秋季

主题墙作为幼儿最熟悉的区域，我们结合了幼儿的身心及年龄特点，并根据季节变化，利用动物、植物等造型，创设了符合教育理念的环境。让幼儿主动参与环境建设，进而打造真正的个性化主题。例如，图 2-5 是冬季主题墙。

图 2-5　主题墙——冬季

主题墙饰会跟随季节变换、教育内容以及幼儿的兴趣进行生成、创设。主题墙饰以课程为主,并在此基础上逐渐丰富、发展和完善教育内容。

下面从主题环境和区角环境两个方面进行环境创设的具体说明。

一、主题环境创设

"三心"课程主题环境创设按照自然年份的"春夏秋冬"四个季节来规划,分为四个环创主题,除了季节元素外,也包含主题中的其他内容元素。

(一) 春季

春季以鲜花、清明春游为主题,整个主题色调为花色,包括鲜艳的花朵、大树、小草等,主题元素有风筝、花朵和绿芽(油菜花、桃花、樱花)、昆虫(蜜蜂、蝴蝶、瓢虫)、西湖景色、母亲节。课程中为所有环创配备基础框架材料包,内部核心素材则由幼儿和教师自制,或者建议家长参与收集。

以春季主题台为例,课程中配备的材料包及需自制的材料见表2-1和图2-6。

表2-1 春季主题台

材料包配备	小船、三潭印月、雷峰塔摆件
应季自备	春季鲜花、种子及发芽的植物、昆虫观察瓶、节令食物(如青团)等主题相关物品
幼儿自制	手绘风筝、课程作品(扎染蝴蝶、毛毛虫等)

图2-6 春季环创

下面以活动"打扮柳树姑娘"为例展现"春季"主题环境与课程活动的联系,活动中的"柳树"与环境创设中的柳树可以结合,促进幼儿认知柳树以及柳树与春天的关系。

打扮柳树姑娘

"三心"目标：信心　　　　　　　　　　　　　　　　　　　　"三心"细化：自豪

聚焦领域：艺术表现发展、动作发展

★ **活动目标**

1. 有信心粘贴彩条，并用柳叶完成拓印作品。
2. 🌟（该图标代表小月龄或较低水平组）为自己粘贴彩条、拓印柳叶而感到自豪。

☀️（该图标代表大月龄或较高水平组）为自己粘贴彩条、拓印树叶构成作品感到自豪。

★ **活动准备**

环境：方便绘画的空间，提前放置好幼儿在创意区做好的彩色柳条作品。

材料：彩色柳条作品、画好的树干作品、柳叶、绿色颜料、报纸。

经验：🌟 幼儿见过西湖的柳树。☀️ 幼儿初步了解柳叶的形态。

（二）夏季

夏季以端午、酷夏为主题，色调是蓝色和绿色，内容包括郁郁葱葱的植物、蓝色的海洋、荷塘月色等，元素有游泳圈、帆船、冰激凌、雪糕、蒲扇、折扇、龙舟、粽子、香囊等。课程中为所有环创配备基础框架材料包，内部核心素材则由幼儿和教师自制，或者建议家长参与收集。

以夏季主题台为例，课程中配备的材料包及需自制的材料见表 2-2 和图 2-7。

表 2-2　夏季主题台

材料包配备	游泳圈、贝壳、蒲扇、香囊、五彩绳、粽子、龙舟模型等
应季自备	绿植、端午食物、艾叶、菖蒲等主题相关物品
幼儿自制	手绘雨伞、课程作品（五彩雨滴、帆船等）

图 2-7　夏季环创

下面以活动"夏天的大自然"为例,展现"夏季"主题环境与课程活动的联系,活动中的夏天元素可以在环境创设的墙饰和主题台上找到,可以帮助幼儿学习该活动。

夏天的大自然

"三心"目标:好奇心　　　　　　　　　　　　　　"三心"细化:喜悦

聚焦领域:感知觉发展、认知发展

★ 活动目标

1. 对观察夏天的自然景物有好奇心。
2. 🌟乐于跟随教师感知夏天的大自然,乐于听一听、摸一摸,看一看。☀能够运用多种感官感知夏天的大自然,乐于听一听、说一说,摸一摸。

★ 活动准备

环境:户外大自然。

材料:放大镜、防蚊物品、遮阳帽、防晒物品、水杯、毛巾等。

经验:🌟幼儿有散步的经验。☀幼儿有过在夏天散步的经验。

(三) 秋季

秋季以丰收、中秋为主题,色调为黄色和橙色,内容包括丰收的蔬果、多彩落叶、原木森系等,元素有蔬果(石榴、柿子)、稻穗、粗粮坚果、松果、月饼、月亮、扎染的布等。课程中为所有环创配备基础框架材料包,内部核心素材则由幼儿和教师自制,或者建议家长参与收集。

以秋季主题台为例,课程中配备的材料包及需自制的材料见表2-3和图2-8。

表2-3　秋季主题台

材料包配备	扎染材料、玉米、稻穗、干莲蓬、桂花等
应季自备	秋季蔬果、中秋食物、落叶等主题相关物品
幼儿自制	扎染布料、课程作品(落叶跳舞、松果涂鸦等)

下面以活动"丰收啦"为例,展现"秋季"主题环境与课程活动的联系,活动中的秋天的食物元素在该主题环境创设当中非常丰富,可以帮助幼儿进行互动学习。

"活教育"中的托育课程建构与实施

图 2-8 秋季环创

丰 收 啦

"三心"目标：好奇心　　　　　　　　　　　　　　　　　　"三心"细化：喜悦

聚焦领域：认知发展、感知觉发展

★ **活动目标**

1. 对秋天有哪些食物感到好奇。

2. 🌟 喜欢看一看、摸一摸、闻一闻、尝一尝秋天的食物。☀ 开心地认识到秋天的时候有很多食物丰收啦。

★ **活动准备**

环境：活动中制作的秋天食物板可以作为墙饰。

材料：金色披风（装饰着金色落叶和金色稻谷），秋天丰收的食物（采自种植角的红薯、土豆、胡萝卜等，还有玉米、柿子、南瓜等秋天成熟的食物），秋天食物板（用于放秋天食物的卡片），各种秋天食物的卡片和不是秋天食物的卡片。

经验：幼儿从种植角挖取了一些秋天成熟的食物。

（四）冬季

冬季以新年、雪为主题，色调是红色和白色，内容包括红色中国年、圆滚滚的雪人等，元素有中国结、窗花对联、鞭炮、火锅、元宵、糖葫芦、棉花、雪人、雪松等。课程中为所有环创配备基础框架材料包，内部核心素材则由幼儿和教师自制，或者建议家长参与收集。

以冬季主题台为例，课程中配备的材料包及需自制的材料见表 2-4 和图 2-9。

表 2-4　冬季主题台

材料包配备	不织布火锅材料包、棉花枝、红包、鞭炮、布老虎、棉絮、中国结等
应季自备	冬季食物：糖葫芦、汤圆等主题相关物品
幼儿自制	自制灯笼、课程作品（鞭炮、雪花等）

图 2-9　冬季环创

下面以活动"新年到"为例，展现"冬季"主题环境与课程活动的联系，其中活动中的新年元素与冬季主题当中的红色中国年结合得很好，让幼儿感受到新年红红火火的气氛。

新　年　到

"三心"目标：好奇心　　　　　　　　　　　　　　"三心"细化：喜悦

聚焦领域：语言发展、情绪和社会性发展

★ 活动目标

1. 想要听和念《新年好》童谣。
2. 🌟开心地跟念童谣并做拜年的手势。☀️开心并准确地跟念《新年好》童谣。

★ 活动准备

环境：教室内悬挂灯笼，张贴福字、对联等，有过年的氛围。

材料：童谣《新年到》，爷爷奶奶、爸爸妈妈、叔叔阿姨、哥哥姐姐的头饰，图片（穿新衣、戴新帽的小朋友拜年）。

经验：幼儿知道过年需要拜年。

二、区角环境创设

根据"三心"课程教育目标和幼儿发展水平,有目的、有计划地投放各种材料,创设活动环境,让幼儿在宽松和谐的环境中按照自己的意愿和能力,自主地进行操作、探索和交往的活动。根据课程将游戏区角划分为九大区域,分别为:"角色扮演区""表演区""创意区""感官实验区""精细动作区""大动作区""听读区""种植饲养区"和"益智区"。

(一)角色扮演区

幼儿在一岁半左右开始出现了表征能力,他们开始热衷于各种假想类、装扮类游戏,包括对游戏角色的假想,也就是以人代人,幼儿喜欢扮演爸爸妈妈和社会上的其他角色。还包括对游戏材料的假想,也就是以物代物,比如把半个皮球当作碗,把圆形积木当作蛋糕。

为了满足这个年龄阶段幼儿对角色扮演游戏的强烈需求,奇妙园根据幼儿发展特点,设置了"角色扮演区"(图2-10、图2-11)。

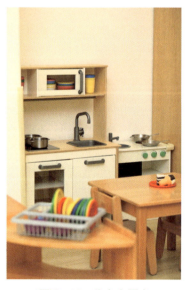

图2-10 儿童小厨房

图2-11 儿童"KTV"

1. 角色扮演区场地要求

较为宽敞,置于静与动的过渡地带。

2. 角色扮演区的游戏材料投放

配置娃娃家、厨房、理发店、食品店、医院、超市等相关玩具材料,除娃娃家作为常设游戏材料,其他游戏材料可以根据主题和季节进行更替。

3. 角色扮演区游戏材料的投放要求

(1) 要注意高结构材料和低结构材料进行组合投放,照顾到不同月龄段和不同发展能力幼儿的需求。

(2) 提倡投放真实和自然的材料,使用自然界和日常生活中可以找得到的物品以及一些废旧物品。

(二) 表演区

1. 表演区场地要求

设置帷幔式舞台或者电视机式小剧场,舞台前需留有一定空间,方便观众观看;置于相对热闹、动态的区域。

2. 表演区的游戏材料投放

情景故事类:纸剧场、围兜剧场、手偶、纸偶、小木偶、头饰(图 2-12)。

音乐舞蹈类:腕铃、铃鼓、雨声筒、自制乐器,以及纱巾、草裙等(图 2-13)。

3. 表演区游戏材料的投放要求

(1) 可结合课程主题和季节进行材料更替。

(2) 根据幼儿的兴趣和能力差异投放不同层次的材料,并定期进行更换。

(3) 尽量选用日常生活中可找得到的物品及旧物改造。

图 2-12 纸剧场

图 2-13　表演区的乐器

（三）创意区

1. 创意区场地要求

光线充足，空间大，置于安静的空间并设置幼儿作品墙（图 2-14）。

2. 创意区的游戏材料投放（图 2-15）

图 2-14　光线较好的创意区

图 2-15　创意区的美术创作素材和材料

(1) 绘画类：蜡笔、水彩笔、颜料、纸张、拓印材料等。

(2) 手工类：陶泥、轻黏土、塑料管、蛋壳、木条、树枝、泡沫等。

(3) 欣赏类：各国经典名画、自然景物、节日装饰等。

3. 创意区游戏材料的投放要求

(1) 根据教案有目的性地投放材料。

(2) 根据幼儿的能力差异，投放多层次的材料；提倡投放真实和自然的材料，使用自然界和日常生活中可以找到的物品以及一些废旧物品。

(四) 感官实验区

1. 感官实验区场地要求

设置在相对安静的区域，需在附近放置方便操作探索的桌椅。

2. 感官实验区的游戏材料投放（图 2-16、图 2-17）

视觉：影子卡、玻璃纸、自制望远镜等。

听觉：自然的声音、生活中的声音、自制声筒等。

触觉：沙、面粉、水、黏土、神秘袋、神秘箱等。

味觉与嗅觉：瓜果蔬菜、时令食物、气味瓶等。

图 2-16 感官实验区的游戏材料

图 2-17　感官实验区的触觉材料

3. 感官实验区游戏材料的投放要求

（1）选择不同材质、不同感官且日常生活中可找得到的材料进行投放，让幼儿获得多种体验。

（2）根据幼儿的兴趣和能力，并结合主题和时令定期更换材料。

（五）精细动作区

1. 精细动作区场地要求

设置在相对安静的区域，需在附近放置方便操作探索的桌椅。

2. 精细动作区的游戏材料投放（图 2-18）

可供塞、捏、拧、舀、夹、倒、串等的材料，如拧瓶盖、舀（夹）豆子、串珠、剥豆子等。

3. 精细动作区游戏材料的投放要求

（1）选择锻炼不同动作要点的材料，均衡精细动作发展需求。

（2）根据幼儿的兴趣和能力，并结合主题和时令定期更换材料。

（六）大动作区

1. 大动作区场地要求

设置在空旷的位置，需要较大的场地，保持安全距离（图 2-19）。

图 2-18　精细动作区的游戏材料

图 2-19　大动作区投放的大型器具

2. 大动作区的游戏材料投放(图 2-20)

图 2-20 大动作区投放的儿童车

投掷类：飞盘、飞镖、沙袋等。

钻爬类：拱门、滚筒、软垫等。

平衡类：独木桥、跷跷板、梅花桩、半月摇、高跷等。

攀爬类：爬网、小山坡等。

球类：皮球、足球、篮球、羊角球、保龄球等。

车：平衡车、小推车、小自行车、滑板车、双人踩车等。

低结构材料：绳子、毽子、瓶子、罐子、呼啦圈等。

3. 大动作区游戏材料的投放要求

(1) 既要选择需运动量大的材料，也要有需运动量小的材料；既要有练习基本动作的区域，也要有发展综合运动素质的活动区。

(2) 要有明确的规范和活动的范围，便于幼儿选择。

(七) 听读区

1. 听读区场地要求

宁静、和谐的阅读环境，根据教室空间合理布局，选择靠近光源、安静的角落。

2. 听读区的游戏材料投放

适合托班幼儿的绘本、有声书、图片。

3. 听读区游戏材料的投放要求(图 2-21)

图 2-21 舒适温暖的听读区

(1) 结合主题教学内容,定期更换阅读内容。

(2) 选择幼儿熟悉的、有趣的、简单的绘本。

(3) 建立阅读规则,适当的阅读规则有益于幼儿良好阅读习惯的养成,同时也能促进其阅读能力的提高。

(4) 一些软垫、靠垫,供幼儿坐、靠;挂上可爱的布制图书袋,放置好简易书架,用于摆放书籍,以及养成幼儿按序取放的良好习惯。

(5) 设置丰富的语言环境,以听、说、读、写为活动资源,让幼儿通过聆听、表达和模仿,全方位发展口头语言及书面语言。

(八) 种植饲养区

1. 种植饲养区场地要求

空气流通较好、有光照、适宜植物生长的区域。

2. 种植饲养区的游戏材料投放(图 2-22、图 2-23)

(1) 摆放种子标本,不同香味、触感、花纹的植物,植物的苗以及种植用的铲子、喷壶、水桶等。

(2) 兔子、鹦鹉等动物。

(3) 幼儿与家长收集废旧的铁罐子、红酒盒、水管等进行区域装饰。

图2-22 种植饲养区投放的植物

图2-23 种植饲养区投放的动物

3. 种植饲养区游戏材料的投放要求

（1）根据园所实际情况，可以在室内和室外设置两类种植饲养区，室内考虑放置一些小型盆栽、小型植物和少量安静的小动物；室外可以考虑设置较大片的幼儿可以自己栽种的区域，同时设置专门的饲养区。

（2）种植饲养区投放的材料和动物要首先保证幼儿的安全，确保植物无毒无害，动物不携带病毒等。

（九）益智区

图2-24 益智区投放的教玩具

1. 益智区场地要求

设置在相对安静的区域，需在附近放置方便操作探索的桌椅。

2. 益智区的游戏材料投放（图2-24）

建构类：纸杯纸筒、积木、雪花片、磁力片等。

科学类：沉浮游戏材料、调色材料、磁铁、放大镜等。

数学类：数字、图形、分类、拼图等的材料。

3. 益智区游戏材料的投放要求

（1）注意高结构和低结构材料组合投放，照顾到不同月龄段和不同发展能力幼儿的需求。

（2）提倡投放真实和自然的材料，使用自然界和日常生活中的物品以及一些废旧物品。

第三章　生活活动设计与实施

将生活活动赋予更大的意义是"三心"课程的最大特点,为什么"三心"课程把生活活动定义为最具特色的课程,又是如何选定生活活动的内容,以及如何实施生活活动的呢?本章将进行具体阐述。

第一节　理论基础

"三心"课程的理论基石是陶行知先生的"生活即教育"理论。

一、核心概念

杜威先生最早探讨了教育与生活的关系问题,并提出了"教育就是生活"的教育思想,认为教育就是一种生活方式,教育是生活的必需品,教育必须关注现实生活,教育起源于生活并能够改善生活。

陶行知先生作为杜威先生的学生,在"教育就是生活"的基础上,根据我国的国情对杜威教育生活思想进行了继承和延伸,提出了"生活即教育"的教育理论。陶行知先生强调了教育与生活之间存在着不可分割的关系,教育是生活原本应有的东西,不是外加于生活之上的东西。教育要着眼于幼儿的生活,要用生活来教育,通过生活而教育。

1. 生活具有教育的意义

陶行知先生认为:"生活教育与生俱来,与生同去,出世便是破蒙,进棺材才算毕业。"生活教育是贯穿人一生的,而生活本身是具有教育意义的。"教育的根本意义是生活之变化,生活无时不变,即生活无时不含有教育的意义。"

2. 受现代的教育、反对"老八股"和"洋八股"教育

陶行知先生说:"我们是现代人,要过现代的生活,就是要受现代的教育,不要过从前的生活,也不要过未来的生活。若是过从前的生活,就是落伍;若要过未来的生活,就要

与人群隔离。"他强烈批判以书本、以文字为中心的"老八股"和"洋八股"教育,认为书本和文字不过是生活的工具,而教育不能脱离生活,教育要通过生活来进行,无论教育的内容还是教育的方法,都要根据生活的需要。

3. 儿童的生活才是儿童的教育

陶行知先生认为:"主张生活即教育,要是儿童的生活才是儿童的教育,要从成人的残酷里把儿童解放出来。""生活化的东西是最经常、最普遍的东西,当然也就是儿童最熟悉的东西,所以才便于学习和积累。儿童对生活中东西的价值和用途越了解,就越容易唤起他们的学习兴趣。而且,生活中的东西是最真实的,可以直接检验,所以更牢固,不易发生疑问,这就是'真知'。"

二、重要启示

"生活即教育"理论启示了"三心"课程"生活活动"的定义与实施。

(一)"三心"课程的生活活动的定义与任务

"生活即教育,教育即生活。"陈鹤琴先生认为:"所有课程都要从人生实际生活与经验里选出来。"对于托育机构里的幼儿来说,一日生活的大部分时间都是生活活动,而幼儿可以从这些实际生活中潜移默化地掌握基本的生活常识和生活自理能力,以及从这些实际生活的活动中感受美、德、智、体等各方面的能力,提升自信和自理能力。所以"三心"课程特别强调生活活动的价值和意义,完全从幼儿的一日生活中选取内容,将生活游戏化,寓教育于生活。

"三心"课程的生活活动是贯穿托育机构一日生活中幼儿吃喝拉撒睡以及入离园、过渡环节等的活动。对于托育机构的幼儿而言,生活活动比其他活动更具有基础性,因为幼儿大部分时间在生活活动中度过[1],"儿童的生活才是儿童的教育""越生活化的东西越容易唤起儿童的学习兴趣"。在幼儿大部分时间的生活活动当中,幼儿的自身需求就是学习的原动力,幼儿的一日生活的各环节就是幼儿的教育,幼儿在最熟悉的东西和生活环节当中进行学习和积累。

生活活动自身有两项培养任务:一是培养幼儿生活自理能力。如培养幼儿进餐饮水、穿脱衣物、盥洗如厕等基本生活能力与技能。二是养成初步的卫生习惯和生活秩序。如培养幼儿按照卫生要求进行生活技能的操练,使行为有序化、定型化,并让生活变得条理化、秩序化并具备仪式感。

除此之外,生活活动过程中还有许多其他领域的学习机会,如动作、语言、情感与社会行为等[2]。

---

[1] 朱智贤:《儿童心理学》,人民教育出版社 2000 年版,第 152 页。
[2] 楼必生:《托班教材教法》,南京师范大学出版社 2014 年版,第 184 页。

在"三心"课程的生活活动中,通过游戏、儿歌、童谣让幼儿在快乐的游戏中,在反复吟唱、诵读当中潜移默化地内化学习内容。

(二) 生活活动内容选定

"三心"课程的生活活动,在幼儿一日生活的四大生活环节中合理设置目标和资源,通过教师有意识的引导,让幼儿在真实的生活情境中自主、自觉地发展各种生活自理能力,形成健康的生活习惯和交往行为。生活活动分为"入园、离园""饮食和睡眠""如厕、盥洗""转换过渡"四大环节。

1. 入园、离园环节

入园、离园环节包括入园、离园和启动仪式,这个环节是幼儿一日生活的开始和结束,这个环节之所以重要是因为涉及幼儿在家与托育机构两个环境之间进行切换的时刻,这个过渡的时刻需要特别注意安抚幼儿情绪,让幼儿感受到安全、温暖,平稳过渡。同时也要遵守环节的规则,从仪式感的环节活动中自然地进行两大环境的过渡。

2. 饮食和睡眠环节

饮食和睡眠环节包括进餐饮水和午睡,这两个环节是保证幼儿健康发育、成长的关键环节,是所有生活活动环节的重中之重。进餐饮水环节包括早点、午餐、午点和饮水,进餐环节的重要性在于保证幼儿摄入充足的营养,养成良好的进餐习惯,并保证在园有足够的饮水量,以及学习科学饮水。午睡环节包括午睡、午睡前后的作息养成及穿脱简单的衣物,午睡对于托班年龄段的幼儿来说有着保证身体正常发育的重要作用。饮食和睡眠环节是幼儿健康成长的重要前提,也是家长最重视的环节之一。

3. 如厕、盥洗环节

如厕、盥洗环节是托育机构中生活活动的一个重要环节,是幼儿重要的提高生活自理能力的标志性环节,如厕环节包括穿脱裤子、擦拭、冲厕所等活动,盥洗环节包括洗手、洗脸、漱口、刷牙、梳头等活动。如厕、盥洗环节是保证幼儿身体健康和生活自理能力培养的重要环节。

4. 转换过渡环节

转换过渡环节是每个活动前后的间隙时间,当幼儿从某一环境、活动转移到另一环境或活动时,就需要过渡。转换过渡环节包括排队、等待、室内外过渡等活动。平稳的过渡能帮助幼儿保持平和安适的心理状态,让幼儿轻松、自然地进入下一个活动。

第二节 四大主要环节

下面从生活活动四大环节中分别选取活动范例说明生活活动的实施。

一、入园、离园环节

入园、离园环节包括入园、离园和启动仪式,这个环节是幼儿一日生活的开始和结束,也是幼儿从家庭到托育机构、从托育机构到家庭的转换环节。

(一) 入园

入园环节指晨间入园活动,覆盖的时间通常是从第一个幼儿进园起,到下一个类型的活动开始前截止。

入园环节包括幼儿的晨检、晨间接待和晨间活动等,入园环节的重要性在于开启幼儿一天的美好生活,唤起幼儿对一日活动的期待,让幼儿从入园时就保持愉悦的心情。

下面呈现3个入园环节的活动:其中"老师,早上好"是入园环节的第一个活动,让2~3岁幼儿知礼仪、懂感恩,并学习用不同的方式来打招呼;"晨检歌"是入园活动的必备活动,能够了解幼儿的身体状况,排除传染病;"爸爸妈妈,再见"是为了帮助幼儿克服分离焦虑。

为了培养现代中国娃,需要具备世界眼光,为了培养幼儿将来具有世界眼光,幼儿需有一定的外语能力。而该年龄段正是幼儿语感训练的关键期,所以"三心"课程的某些生活活动当中融入了非常简短的英语短句,让幼儿在日常生活中进行语感训练。

老师,早上好
Good morning, Ms./Mr. X

"三心"目标:善心　　　　　　　　　　　　　　　　　　　　"三心"细化:感恩

★ 活动目标

能用打招呼的方式对教师表达友好和感谢。

★ 活动准备

环境:托育机构或班级门口。

材料:"早上好"图卡(双语)、打招呼方式图片(罗列几种打招呼方式的图)。

★ 活动过程

1. (入园初期)幼儿来到班级,教师主动与幼儿打招呼:"你好,××。"或"Good morning, ××."

2. 请幼儿用相同的语言对教师问好:"你好,×老师。"或"Good morning, Ms./Mr. ×."

3. 也可以让幼儿自由从图片当中选择自己想要的打招呼方式,并用这种打招呼方式与教师互动。

4. 待幼儿熟悉托育机构后,鼓励幼儿主动向教师问好。

★ 观察与建议
● 幼儿是否愿意向教师问好。

晨 检 歌

"三心"目标:信心　　　　　　　　　　　　　　　　　　　　"三心"细化:毅力

★ 活动目标
伴着童谣,主动配合教师坚持完成体检。

★ 活动准备
环境:入园晨检处。
材料:童谣《健康歌》。

★ 活动过程
1. (入园初期)教师念童谣,并请幼儿配合伸头(Let me take your temperature)、伸手(show me your hands)、张嘴(open your mouth),完成晨检。
2. 幼儿熟悉晨检流程后,教师可以播放童谣,请幼儿主动配合伸头、伸手、张嘴,完成晨检。

★ 观察与建议
● 幼儿是否愿意配合晨检教师。
● 幼儿在遇到较困难的动作如张嘴时,是否能坚持。

★ 活动资源

童谣《健康歌》
我的脑袋伸一伸,
体温计说不发烧;
我的小手伸一伸,
干干净净都说好;
张大嘴巴伸舌头,
老师夸我好宝宝。

爸爸妈妈,再见
Let's say bye-bye to Mommy/Daddy

"三心"目标:自信　　　　　　　　　　　　　　　　　　　　"三心"细化:乐观

★ 活动目标
能够开心地与爸爸妈妈告别。

> ★ 活动准备

环境：创设不同告别方式的墙饰，贴在教室门外或者奇妙园①门口。

> ★ 活动过程

1. 入园时，爸爸妈妈带领幼儿来到班级门外，爸爸妈妈把幼儿交给教师。

2. 见到教师后，请幼儿面对爸爸妈妈，向爸爸妈妈说："爸爸妈妈，再见。"（Let's say bye-bye to Mommy/Daddy）

3. 幼儿转动转盘，指针指到哪一个动作，幼儿和爸爸妈妈就用哪一种方式告别。

> ★ 观察与建议

● 幼儿是否愿意向爸爸妈妈道别。

（二）启动仪式

启动仪式是幼儿入园后进行的第一个集体活动，是一日生活的正式启动。

启动仪式包括升国旗、早操、点名、晨间谈话等每日必做的活动。这些充满仪式感的集体活动可以让幼儿学习管理自己的情绪，快速融入集体生活当中，唤醒、开启幼儿的一日生活。

下面选取3个启动仪式环节的活动进行说明："你好，小伙伴"鼓励幼儿学习用友好的方式进行同伴交往，帮助幼儿融入集体；"晨间谈话"是晨间第一个集体活动，安静的谈话节目可以让幼儿慢慢适应集体生活；"大家一起做早操"可以让幼儿通过运动和音乐迅速活动自己的身体，开启愉快的一天。

你好，小伙伴

"三心"目标：好奇心　　　　　　　　　　　　　　　　　　　　　"三心"细化：兴趣

> ★ 活动目标

对在晨间活动中与小伙伴互相打招呼感兴趣。

> ★ 活动准备

环境：教室内。

材料：儿歌《你好，朋友》。

（安全提示：在教室内活动时需要将桌椅搬离活动场地，避免幼儿磕伤、碰伤。）

> ★ 活动过程

1. 晨间活动前，教师和幼儿手拉手围成一个大圆圈，教师播放儿歌《你好，朋友》。

2. 幼儿跟随儿歌与左右两边的小伙伴打招呼，如拍拍手、笑一笑、点点头等。

3. 当儿歌唱到"我们是朋友"时，幼儿在教室内自由寻找其他小伙伴，并站在其他小

---

① "三心"课程的实施园所——绿城教育奇妙园，简称"奇妙园"。

伙伴身边,继续按照儿歌做"点点头、拍拍手、笑一笑"等动作。

4. 儿歌结束后,幼儿已经熟悉了周围的小伙伴,将为一天活动的开展打下基础。

★ **观察与建议**

● 幼儿能否和同伴愉快地打招呼。

★ **活动资源**

儿歌《你好,朋友》

你好(王小米),
你好(李小龙),
笑一笑,
招招手(点点头、拍拍手),
我们都是好宝宝。

晨 间 谈 话

"三心"目标:信心　　　　　　　　　　　　　　　　　　　　　　　"三心"细化:自豪

★ **活动目标**

对参与晨间谈话活动有信心,为自己能够勇敢地发言感到自豪。

★ **活动准备**

环境:户外草坪(下雨时可在室内)。

材料:蒲团。

★ **活动过程**

1. 晨间运动结束后,教师带领幼儿围坐在草坪上,边休息边放松心情。

2. 休息的同时,幼儿可以说一说自己最近喜欢的绘本故事,可以说一说早餐吃了什么、早晨运动时自己的表现,还可以说一说在上幼儿园途中发生的趣事(每周可以围绕一个主题来谈话)。

3. 入园初期的幼儿可以向大家吟诵一首简单的古诗或者儿歌。

★ **观察与建议**

● 幼儿是否愿意参与到晨间谈话中。

大家一起做早操

"三心"目标:信心　　　　　　　　　　　　　　　　　　　　　　　"三心"细化:乐观

★ **活动目标**

对完成晨间早操有信心,做早操时保持愉悦的情绪。

★ **活动准备**

环境:户外活动场。

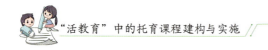

材料：适合跳操的儿歌、擦汗小毛巾。

★ 活动过程

1. 教师带领幼儿来到户外活动场，为幼儿整理队形，幼儿间隔一定的距离。

2. 教师播放适合跳操的儿歌，告诉幼儿早操时间到了。（入园初期）教师带领幼儿一起伴随音乐做早操，教师可以请幼儿跟自己一起做，鼓励幼儿动起来，请幼儿认真倾听音乐的节奏等。

3. 待幼儿对音乐旋律以及早操动作熟悉后，请幼儿自己做早操。

4. 早操是晨间运动的热身环节，因此幼儿在做早操时教师需要监督幼儿动作是否到位，运动量是否达到，能否起到热身的效果。

5. 早操结束后，教师告诉幼儿早操结束了，请幼儿排好队，带上自己的东西回教室。

★ 观察与建议

- 幼儿能否做好晨间早操。
- 做早操期间幼儿能否保持愉悦的情绪。

（三）离园

离园环节是幼儿在托育机构中的最后一个活动，包括离园前的准备工作、一日的总结、离园仪式、拥抱再见等活动。离园活动是一日生活的结束，也是总结、反思，孕育着新的开始。

离园活动不仅要完成当日生活的总结，让幼儿感到收获满满、成就满满，也要让幼儿对明天充满期待。

下面选取3个离园环节的活动来进行说明："照镜子"和"我来理书包"培养幼儿自省和自理的能力，让幼儿能够在离园前学会整理自己的衣着、仪表和随身物品；"离园总结"是幼儿对一天生活和学习的回顾与巩固，有利于幼儿做好离园前的情绪调节。

照 镜 子

"三心"目标：好奇心　　　　　　　　　　　　　　　　　　"三心"细化：兴趣

★ 活动目标

对照镜子产生好奇，乐于利用镜子检查自己的小脸是否干净。

★ 活动准备

环境：教室内。

材料：童谣《照镜子》、镜子、小椅子。

（安全提示：镜子要包边并且不宜过大；防止镜子打碎伤到幼儿。）

★ 活动过程

1. 请幼儿在小椅子上坐好，教师为每个幼儿发放小镜子。
2. （入园初期）教师带领幼儿一边念童谣《照镜子》，一边引导幼儿根据童谣内容检查自己的仪容仪表，如头发是否整齐，小脸、嘴巴是否干净等。
3. 等幼儿熟悉了童谣内容，学会了自己照镜子整理仪容仪表，教师则不再示范。

★ 观察与建议

● 观察幼儿对照着镜子整理仪表是否好奇，是否感兴趣。
● 引导幼儿根据童谣内容来整理仪表。

★ 活动资源

童谣《照镜子》

小镜子，照一照，
擦擦嘴巴梳梳头，
擦擦小脸和鼻头，
翻翻领子和袖口，
干干净净真正好。

我来理书包

"三心"目标：信心　　　　　　　　　　　　　　　　　"三心"细化：自豪

★ 活动目标

对独自整理书包有信心，为自己独立将书包整理好感到自豪。

★ 活动准备

环境：教室内，教师可以根据实际情况参考图3-1创设提醒幼儿整理书包的墙饰。

材料：书包，绘本、玩具、水壶等幼儿的个人用品，童谣《小书包》。

★ 活动过程

1. 离园前，请幼儿将自己的个人物品全部都放在桌上，看看是否有遗漏。
2. 请幼儿自己将书本、玩具、水壶、方巾等个人物品整理好。
3. 待幼儿整理好后，教师提醒幼儿检查是否所有物品都已收拾好，如："水壶收拾了吗？"
4. 让幼儿将整理好的物品一一放进书包中，并拉好书包拉链。

图3-1 "我的小书包"墙饰

★ 观察与建议
- 幼儿能否将自己的个人物品整理好。
- 幼儿能否将整理好的个人物品整齐地放进书包。

★ 活动资源

童谣《小书包》

小书包,肚皮大,
图书玩具和衣服,
它呀统统都装下。
乖乖趴到我背上,
跟我一起回到家。

离园总结

"三心"目标:信心　　　　　　　　　　　　　　"三心"细化:自豪

★ 活动目标

为自己在幼儿园开心、顺利地度过一天时光感到自豪。

★ 活动准备

环境:教室内;教师创设"幼儿的一天"的墙饰,可以根据图示引导幼儿回忆一天的生活。

★ 活动过程

1. 离园前,请幼儿围成一个圈坐下来。
2. 教师带领幼儿回忆今天做了些什么,可以请幼儿自己说一说今天做了什么事,表现怎么样。
3. (入园初期)教师先带领幼儿一起回忆、讨论,等幼儿习惯后请幼儿自主讨论。当某个幼儿分享完自己一天的活动后,教师要带领其他幼儿一起给分享的幼儿鼓掌。
4. 教师对一天的活动做个小总结,着重赞扬幼儿表现好的事情。

★ 观察与建议

- 幼儿是否愿意和同伴分享,说一说自己做了什么事。

二、饮食和睡眠环节

饮食和睡眠环节包括进餐饮水和午睡。吃和睡最关乎幼儿的健康,而且现在托育机构特别重视食育,因此饮食和睡眠环节是托育机构中比重最大,也是最重要的两个环节。下面分别从进餐饮水和午睡两个环节来说明"饮食和睡眠"环节的活动实施。

(一) 进餐饮水

进餐饮水环节包括早点、午餐、午点和饮水,这个环节的重要性在于保证幼儿摄入充足的营养,养成良好的进餐习惯,并保证在园有足够的饮水量,以及学习科学饮水。

下面选取进餐饮水环节的3个活动来进行说明:"餐桌礼仪我知道"培养幼儿遵守餐桌上的礼仪规范,做一个有教养的幼儿;"吃饱啦,擦嘴巴"提升幼儿午餐环节的自理能力,通过完成力所能及的事情提升幼儿的自信心;"能量加油站"让幼儿认识到每天除吃饭之外,按时按量喝水也是非常重要的。

餐桌礼仪我知道

"三心"目标:好奇心　　　　　　　　　　　　　　　　　　"三心"细化:兴趣

★ 活动目标

对进餐的种种礼仪感到好奇,乐于了解并遵守餐桌礼仪。

★ 活动准备

环境:教室内;教师根据幼儿进餐时需要遵守的礼仪制作墙饰。

材料:童谣《进餐习惯好》。

★ 活动过程

1. 进餐过程中,教师提示幼儿要安静地进餐,不能跟旁边的小伙伴聊天,更不能够大声喧哗。

2. 进餐时餐具要轻拿轻放,尽可能地不要让餐具发出声音,更不能故意敲打餐具。

3. 进餐时要细嚼慢咽,不能狼吞虎咽,要将食物嚼碎了再吞咽。咀嚼食物时要将小嘴巴闭起来,不发出吧唧的声音。

4. 教师可以带领幼儿从童谣中了解进餐礼仪,进餐前和幼儿一起吟诵《进餐习惯好》,引导幼儿就餐时注意礼仪。

★ 观察与建议

● 幼儿是否对进餐礼仪感到好奇。

● 幼儿是否乐于了解并遵守进餐礼仪。

★ 活动资源

童谣《进餐习惯好》

吃饭要坐好,

慢咽细细嚼。

说话轻悄悄,

碗勺不乱敲。

吃完收碗勺,

进餐习惯好。

吃饱啦，擦嘴巴

"三心"目标：信心　　　　　　　　　　　　　　　　　　　　"三心"细化：毅力

★ **活动目标**

吃好饭后能够自己将嘴巴擦干净，能够坚持每天吃好饭后都自己擦嘴巴。

★ **活动准备**

环境：教室内；教师可以在一张大的玻璃纸上画一张嘴巴贴在墙面上，旁边放一块手帕，并在嘴巴上画上一些"脏东西"，引导幼儿用手帕将嘴巴上的"脏东西"擦干净。

材料：餐巾纸，童谣《擦擦嘴巴》。

★ **活动过程**

1. 用餐结束后，请幼儿拿起自己面前的纸巾将嘴巴擦干净。
2. （入园初期）教师带领幼儿一起用纸巾擦嘴巴，双手捧起纸巾从两边往中间擦嘴巴，擦好后将纸巾对折再擦一遍。若幼儿记不清动作，教师可以用童谣《擦擦嘴巴》引导幼儿。
3. 要让幼儿养成用纸巾或湿巾擦嘴巴的习惯，不能直接用手或者用袖口来擦嘴巴。

★ **观察与建议**

- 幼儿能否将自己的小嘴巴擦干净。
- 幼儿能否坚持每天吃好饭后都自己擦嘴巴。

★ **活动资源**

童谣《擦擦嘴巴》

饭吃完啦，

擦擦嘴巴。

干干净净，

人见人夸。

能量加油站

"三心"目标：信心　　　　　　　　　　　　　　　　　　　　"三心"细化：毅力

★ **活动目标**

对自己每天按时喝水有信心，能够每天坚持按时、按量喝水。

★ **活动准备**

环境：装有饮水机的区域；教师参考图3-2根据本班实际情况制作"能量加油站"墙饰。

图 3-2 "能量加油站"墙饰

（注：教师可以加入更多的元素，如早操图案、午睡起床图案、户外活动图案等，提醒幼儿在这些活动结束后需要喝水。）

★ 活动过程

1. 每天喝水后，请幼儿在"能量加油站"中为自己喝水的情况做记录，记录方式根据教师进行环境创设的具体情况来调整。

2. 每天所有活动结束后，教师带领幼儿一起来到"能量加油站"，看看哪个幼儿今天喝水次数最多，哪个幼儿喝水最规律等。

★ 观察与建议

● 幼儿是否对自己每天按时喝水有信心。
● 幼儿是否能够坚持每天按时、按量喝水。

（二）午睡

睡眠是人一天生活中时间最长的一项活动，对于托班年龄段的幼儿尤其重要。午睡对于幼儿身体发展具有重要意义，午睡前后包括作息养成及穿脱简单衣物的环节。

下面选取 3 个午睡环节的活动进行说明："要睡午觉啦"用儿歌形式让幼儿建立睡觉的仪式感，对午睡产生期待；"小小船儿靠岸啦"引导幼儿做好一些睡前的准备工作；"睡醒啦"让幼儿对睡醒的状态有认知，并对"睡醒啦"感到高兴。

要睡午觉啦

"三心"目标：信心　　　　　　　　　　　　　　　　　　　　　　"三心"细化：乐观

★ 活动目标

对自己能够独立做好睡前准备感到有信心，对午睡充满期待。

★ 活动准备

环境：午休室内、盥洗室；教师制作午睡流程图墙饰。

材料：儿歌《午睡之歌》。

★ 活动过程

1. 午睡前，教师播放儿歌《午睡之歌》，幼儿听到儿歌便知道午睡时间到了，该做睡前准备了。

2. 幼儿根据墙面上的"午睡流程图"做睡前准备，如需要解便的幼儿去如厕等。

3. 请幼儿睡前都前往盥洗室将小手洗干净，做好个人卫生。

4. 如厕、洗手后，请幼儿排队有秩序地前往午休室午休。

★ 观察与建议

● 幼儿是否知道在睡前要如厕、洗手，能否独立做好入睡前的准备。

★ 活动资源

儿歌《午睡之歌》

阳光闪耀，

树上小鸟在睡觉。

一只鸟，

两只鸟，

三只鸟，

闭上我的眼睛。

等我们睡醒后，

就和小鸟齐欢笑，

齐欢笑。

小小船儿靠岸啦

"三心"目标：信心　　　　　　　　　　　　　　　　　　　　　　"三心"细化：毅力

★ 活动目标

能够坚持将自己的小鞋子摆放整齐。

★ 活动准备

环境：午休室；如图3-3，教师在床边贴好两个红点（或小脚丫），示意幼儿将脱下来的小鞋子按照红点摆放整齐。

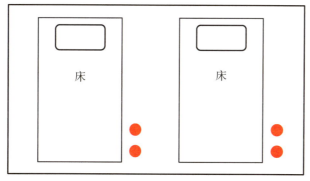

图 3-3 "小小船儿靠岸啦"环境创设

材料：童谣《放鞋子》。

★ 活动过程

1. 幼儿将小鞋子脱下后，教师引导幼儿将小鞋子整齐地摆放在床边："宝贝们要午休啦，到处游了一天的小小船（鞋子）也要靠岸休息啦，请宝贝们让自己的小小船靠在岸边休息吧。"

2. 引导幼儿将鞋子靠在床边摆放整齐，（入园初期）可以在床边画上小圆点引导幼儿将鞋子归位，待幼儿养成习惯后可以去掉小圆点。

3. 教师念童谣《放鞋子》，请幼儿听着童谣把鞋子放到该放的位置上。

★ 观察与建议

- 幼儿是否愿意将自己的鞋子整齐地摆放在床边。
- 幼儿能否做到坚持每天都整齐地摆放鞋子。

★ 活动资源

童谣《放鞋子》

脱下一双鞋，
轻轻放床边，
头对头，跟对跟，
两只鞋子站一边。

睡 醒 啦

"三心"目标：好奇心　　　　　　　　　　　　　　"三心"细化：喜悦

★ 活动目标

对自己睡醒了感到高兴。

★ 活动准备

环境：午休室内。

材料：童谣《睡醒啦》。

★ **活动过程**

1. 幼儿睡醒了,教师轻轻地念童谣《睡醒啦》。
2. 幼儿逐渐从睡眼惺忪的状态慢慢缓过来。
3. 幼儿清醒后可以跟着教师一起念一念童谣。

★ **观察与建议**

● 幼儿睡醒后是否愉悦。
● 幼儿能否以愉悦的情绪和教师一起念一念童谣。

★ **活动资源**

童谣《睡醒啦》

小鸟醒了喳喳叫,

小熊醒了摇啊摇,

幼儿睡醒了,

跟着老师唱呀唱歌谣。

三、如厕、盥洗环节

如厕、盥洗环节是托育机构中幼儿习惯养成和个人卫生培养的重要环节,是幼儿重要的提高生活自理能力的标志性环节。

(一)如厕环节

如厕环节包括穿脱裤子、擦拭、冲厕所等活动。如厕是生活活动中一个重要环节,是幼儿提高生活自理能力的标志性环节。

下面选取3个如厕环节的活动进行说明:"肚子胀胀"让幼儿知道肚子胀胀的感觉是想上厕所了,应做一些上厕所前的准备工作,并熟悉上厕所的流程;"我会擦屁屁"和"马桶冲冲"鼓励幼儿尝试做如厕后的一些自理活动。

肚 子 胀 胀

"三心"目标:信心　　　　　　　　　　　　　　　　　　　"三心"细化:自豪

★ **活动目标**

在想要上厕所时能够自己去厕所或向教师求助。

★ **活动准备**

环境:教室内。

★ **活动过程**

1. (入园初期)教师与幼儿一起念童谣《肚子胀胀》,并询问幼儿是否想要上厕所:"你想上厕所吗？"

2. 请想要上厕所的幼儿自己去厕所或在教师的帮助下去厕所。
3. 待幼儿熟悉后,教师可以请幼儿在有需要的时候自己上厕所或求助教师。

★ 观察与建议

- 观察幼儿能否自己去厕所或向教师求助。
- 对小月龄(能力弱)的幼儿,教师应时常询问,鼓励幼儿向教师求助。

★ 活动资源

童谣《肚子胀胀》

肚子胀胀咕咕叫,
宝宝想要去厕所；
老师老师帮帮我,
带我一起去厕所。

我会擦屁屁

"三心"目标：好奇心　　　　　　　　　　　　　　"三心"细化：喜悦

★ 活动目标

为自己能将屁股擦干净感到喜悦。

★ 活动准备

环境：卫生间内。
材料：卷筒纸、垃圾篓。
（安全提示：放置防滑垫,防止摔倒；使用高度、大小适宜的婴幼儿专用马桶；马桶旁设置扶手。）

★ 活动过程

1. （入园初期）教师先示范：手拿折好的纸,绕到背后,从前往后擦拭肛门。
2. 请幼儿模仿教师的动作,尝试自己擦屁股。
3. 教师注意提醒幼儿,看一看纸上擦完后是否还脏,如果纸比较脏,说明没有擦干净,要再用纸来擦。

★ 观察与建议

- 观察幼儿能否自己擦屁股。
- 提醒幼儿将擦好屁股后的脏纸巾丢入垃圾篓。

马桶冲冲

"三心"目标：好奇心　　　　　　　　　　　　　　"三心"细化：喜悦

★ 活动目标

为自己能够按下按钮给马桶冲水感到喜悦。

★ 活动准备

环境：卫生间内。

（安全提示：放置防滑垫，防止摔倒；使用高度、大小适宜的婴幼儿专用马桶；马桶旁设置扶手。）

★ 活动过程

1. 请穿好裤子的幼儿自己按马桶的按钮，给马桶冲水。
2. （入园初期）冲水后，教师提醒幼儿观察有没有冲干净，没有冲干净要再冲一次。
3. 待幼儿熟练后，可以减少提醒次数。

★ 观察与建议

- 幼儿是否为自己能够按下按钮给马桶冲水感到喜悦。
- 马桶按钮用醒目的标志装饰。
- 对于小月龄（能力弱）的幼儿，教师可以与其一起按按钮。

（二）盥洗环节

盥洗环节包括洗手、洗脸、漱口、刷牙、梳头等活动。如厕、盥洗环节是保证幼儿身体健康和培养个人卫生护理能力的重要环节。

下面选取"冰糖葫芦串"式的5个盥洗环节的活动，从洗手前的卷袖子、按洗手液或擦肥皂、洗手时的洗手步骤、擦手放毛巾以及帮助其他幼儿洗手这5个环节来拆分"洗手"环节，让幼儿养成好的洗手习惯。

我会卷袖子

"三心"目标：好奇心　　　　　　　　　　　　　　　　　　"三心"细化：兴趣

★ 活动目标

对卷袖子、洗手有兴趣。

★ 活动准备

环境：卫生间洗手池。

材料：童谣《卷袖子》。

（安全提示：放置防滑垫，防止摔倒；调节水温，防止水温太烫或太凉。）

★ 活动过程

1. 教师带幼儿来到洗手池旁，（入园初期）提醒幼儿在洗手前要卷起袖子，并告诉幼儿："请卷起你的袖子。"
2. （入园初期）教师边念《卷袖子》童谣，边示范如何卷起袖子。提醒幼儿一起跟着童谣卷袖子。
3. 等幼儿自己学会了卷袖子，教师则不再示范。

★ **观察与建议**
- 观察幼儿对卷袖子活动、洗手好不好奇,感不感兴趣。
- 让幼儿逐渐形成排队洗手的习惯,防止拥挤。

★ **活动资源**

童谣《卷袖子》

卷卷袖子卷卷卷,
啰哩啰哩啪啪啪,
左卷卷,右卷卷,
啰哩啰哩啪啪啪,
卷卷袖子洗洗手,
啰哩啰哩啪啪啪。

噗噗噗,按下洗手液

"三心"目标:好奇心　　　　　　　　　　　　　　　　"三心"细化:喜悦

★ **活动目标**

开心地把洗手液挤到手上。

★ **活动准备**

环境:卫生间洗手池。

材料:童谣《卷袖子》、儿童洗手液(或小肥皂)、小毛巾(放置在幼儿方便取用的位置)。(安全提示:放置防滑垫,防止摔倒。)

★ **活动过程**

1. (入园初期)教师先示范用水打湿手,等幼儿掌握要领后就不需教师示范。
2. 噗噗噗,一手按压洗手液瓶盖,一手接住洗手液。
3. 教师一边念"噗噗噗",一边邀请幼儿"噗噗噗"地一手按压洗手液瓶盖,一手接住洗手液。
4. 提醒幼儿轻轻地按压,只能按一次。

★ **观察与建议**
- 观察幼儿能否开心地挤出洗手液。
- 避免某些幼儿一直按压洗手液。
- 用小肥皂洗手的幼儿也可以学习如何擦肥皂。

我 会 洗 手

"三心"目标:信心　　　　　　　　　　　　　　　　"三心"细化:自豪

★ **活动目标**

能够按照步骤自己洗手,洗干净后感到自豪。

★ **活动准备**

环境：卫生间洗手池。

材料：童谣《洗小手》、洗手步骤照片（贴在洗手池墙上）、儿童洗手液、小毛巾（放置在幼儿方便取用的位置）。

（安全提示：放置防滑垫，防止摔倒；调节水温，防止水温太烫或太凉。）

★ **活动过程**

1. 入园初期教师邀请幼儿观看洗手步骤照片，并示范洗手的步骤：手心搓三次、手背搓三次、双手交叉搓。等幼儿熟悉后，就不再示范。

2. 教师请幼儿按照步骤洗手，并在一边念童谣《洗小手》，提醒幼儿洗手的步骤。

3. 幼儿洗好手后，提醒幼儿要关闭水龙头。

★ **观察与建议**

● 观察幼儿能否按照步骤自己洗手，以及洗干净后感到自豪。

★ **活动资源**

童谣《洗小手》

手心擦擦，

手背擦擦，

小小十指再交叉。

指尖转转，

手指转转，

拳头、手腕再擦擦。

最后毛巾擦一擦，

擦擦擦擦擦。

脏毛巾拜拜

"三心"目标：好奇心　　　　　　　　　　　　　　　　　"三心"细化：喜悦

★ **活动目标**

开心地看到自己能够把脏毛巾放进毛巾筐中。

★ **活动准备**

环境：卫生间洗手池。

材料：小毛巾（放置在幼儿方便取用的位置）、毛巾筐。

（安全提示：放置防滑垫，防止摔倒。）

★ **活动过程**

1. （活动初期）教师念童谣并提醒幼儿用毛巾擦干净手和洗手台后，将脏毛巾放进毛巾筐中。

2. 待幼儿熟悉后，教师仅念童谣，不再提醒幼儿具体步骤；亦可请小值日生来检查。

★ **观察与建议**

● 观察幼儿能否将脏毛巾放进毛巾筐。

● 待幼儿对奇妙园熟悉后,在洗手活动结束时,请小值日生们一起把毛巾筐交给保育员教师。

★ **活动资源**

童谣《小毛巾回家》

我是小毛巾,
挂在毛巾架,
擦完脸和手,
我要回我家。

我来帮你洗手

"三心"目标:善心　　　　　　　　　　　　　　　　"三心"细化:关怀

★ **活动目标**

愿意帮助不会洗手的伙伴洗手。

★ **活动准备**

环境:卫生间洗手池。

材料:儿童洗手液、小毛巾(放置在幼儿方便取用的位置)。

(安全提示:放置防滑垫,防止摔倒。)

★ **活动过程**

请能力强的幼儿帮助能力弱的幼儿洗手,可以协助小月龄的幼儿完成卷衣袖、挤洗手液、洗手、擦手和放毛巾等洗手环节。

★ **观察与建议**

● 观察大月龄幼儿是否愿意帮助小月龄幼儿洗手。

四、转换过渡环节

转换过渡环节是每个活动前后的间隙时间,当幼儿从某一环境、活动转移到另一环境、活动时,就需要过渡。转换过渡环节包括排队、等待、室内外过渡等活动。平稳的过渡有助于保持祥和的环境,帮助幼儿保持平和安适的心理状态,让幼儿轻松、自然地进入下一个活动。

下面选取3个转换过渡环节的活动进行说明:"小心翼翼下楼梯"让幼儿了解在环境转换过程当中要遵守的规则;"嘘,请安静"鼓励幼儿在过渡环节的时候保持安静;"嘟嘟嘟,开车前进"让幼儿愉快地在游戏当中学会排队。

小心翼翼下楼梯

"三心"目标：信心　　　　　　　　　　　　　　　　　　　　"三心"细化：自豪

★ 活动目标

对自己安全地上/下楼梯有信心，为遵守规则而感到自豪。

★ 活动准备

环境：楼梯间。

材料：童谣《走楼梯》。

★ 活动过程

1. 上/下楼梯时，教师提示幼儿要上/下楼了，引导幼儿靠右行（根据地上脚印的方向走），扶着栏杆慢慢走。

2. 上/下楼梯时请幼儿一边念童谣《走楼梯》，一边行走。

3. 请幼儿注意，上/下楼梯时不可以嬉戏打闹，不可以在楼梯上逗留，上/下楼梯时要有秩序地一步一步走。

★ 观察与建议

● 幼儿能否按照一定的秩序上/下楼梯。

★ 活动资源

童谣《走楼梯》

一、二、三……

一步一步上楼梯；

三、二、一……

一步一步下楼梯。

上楼下楼要注意，

不玩不闹不能挤。

嘘，请安静

"三心"目标：善心　　　　　　　　　　　　　　　　　　　　"三心"细化：关怀

★ 活动目标

知道托育机构是小朋友共同的家，学会在园内保持安静。

★ 活动准备

环境：教室内。

材料：手指谣《小猫走路静悄悄》。

★ 活动过程

1. 幼儿从户外回到活动室内或者进入其他环节时往往无法安静下来，教师则引导幼儿安静地坐在小椅子上。

2. 请幼儿坐在小椅子上,深呼吸,平复自己的情绪。

3. 教师用手指谣《小猫走路静悄悄》引导幼儿学习小花猫,保持安静。

★ 观察与建议

● 幼儿能否跟随教师一起学唱手指谣,并在手指谣结束后保持安静。

● 需要反复进行此活动才能让幼儿形成规则意识,建议在需要安静的时候,教师随时带领幼儿学唱手指谣,通过手指谣引导他们保持安静。

★ 活动资源

童谣《小猫走路静悄悄》

鸭子走路摇摇摇,
兔子走路跳跳跳,
小猫走路静悄悄,
一点声音听不到。

嘟嘟嘟,开车前进

"三心"目标:好奇心 　　　　　　　　　　　　　　　　"三心"细化:兴趣

★ 活动目标

对排队"开车"前进的方式感到好奇,乐于通过"开车"的形式排队前进。

★ 活动准备

环境:室内、室外均可。

材料:儿歌《嘟嘟嘟,开火车》。

★ 活动过程

1. 幼儿站好队伍后,教师播放儿歌《嘟嘟嘟,开火车》,幼儿在队伍中跟好自己前面的同伴在歌声中一同前进。

2. 教师播放儿歌的同时引导幼儿一起唱儿歌,当唱到"嘟嘟嘟嘟"等词时,教师带着幼儿一起做相应的动作,如双手握拳、两臂横放在胸前转动等。

3. 教师带领幼儿跟随音乐的节奏,一边前进,一边做动作。可以根据实际情况缩短儿歌或作其他的修改。

★ 观察与建议

● 观察幼儿是否对"开车"前进的方式感到好奇。

● 幼儿是否乐于通过"开车"的方式排好队向前进。

★ 活动资源

儿歌《嘟嘟嘟,开火车》

火车向前跑,
穿过了绿草地,

穿过彩虹桥，
　嘟嘟嘟嘟，
火车向前跑。
　嘟嘟嘟嘟，
火车向前跑。

第四章 主题活动设计与实施

"三心"课程将课程主题划分为"自然环境"和"人文环境"两大环境。其中"三心"课程的"自然环境"和"人文环境"是如何定义的?"自然环境"和"人文环境"主题选定了哪些内容,又是如何实施的呢?本章将进行具体阐述。

第一节 自然资源主题

"三心"课程选取幼儿可能接触到的托育机构及周围社区的自然环境,并结合当地的自然环境特色,选取了春夏秋冬和幼儿关心的颜色、形状、声音、数字等内容作为主题,在主题内容中还结合了杭州当地独特的江南景色。在课程的实施当中,也尽量提倡投放自然材料,也就是自然界中可以找到的物品以及日常生活中的废旧物品,关注大自然给幼儿提供的天然玩具。

"三心"课程的"自然环境"划分为五个二级主题,分别从宏观的春夏秋冬、当地环境,中观的社区环境,微观的托育机构环境进行考虑。同时考虑到幼儿是从九月份,也就是秋季入园,按照入园后的季节更替,选取了"丰收的季节""冬爷爷来了""春天来了""小小世界""欢乐的夏天"五个二级主题。每个二级主题下面又按照一个月四周划分为四个三级主题。图 4-1 呈现了自然环境主题的思维导图。

"三心"课程的每个三级主题下包括游戏活动、学习活动和家园互动活动 3 个板块。后面会对每个主题的游戏活动、学习活动和家园互动活动进行举例说明。

每个主题活动会配一张主题说明的表格(表 4-1),

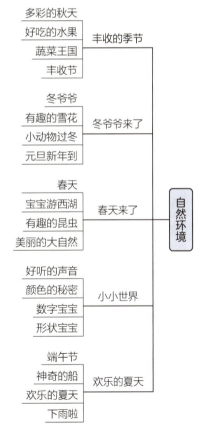

图 4-1 "三心"课程"自然环境"主题思维导图

分别从"设计意图""环境创设""领域目标"三个方面提纲挈领地概述该主题。其中"设计意图"说明了该主题设置的动机，分别从幼儿的年龄特点、学年的时间段和主题内容几个方面进行阐述；"环境创设"从"人际环境"和"物理环境"两个方面进行阐述，"人际环境"包括托育机构当中的师幼关系、幼幼关系以及家长与机构的关系等，"物理环境"包括主题墙、主题桌、教室环境等与主题相关的环境创设；"领域目标"分别从六大领域说明该主题预期提升幼儿哪些领域的能力，并列出了幼儿的已有经验，从"最近发展区"的角度解释了预期能力与已有经验的关系。

一、丰收的季节

表 4-1 "丰收的季节"主题说明

设计意图	环境创设	领域目标		
		领域	已有经验	预期目标
秋天是幼儿入园后接触的第一个季节，秋天是多彩、丰富的，也是丰收的季节，在这个季节里可以让幼儿接触到丰富多样的水果、蔬菜，认识到自然环境中花草树木的变化。教师应引导幼儿学习观察大自然中秋天的事物，并尝试用大自然中的事物，比如落叶、蔬菜、水果等进行游戏和创作，通过这些活动使幼儿感受到秋天的季节特征	● 人际环境 　在幼儿渐渐习惯了奇妙园的生活后，教师要注意激发幼儿的好奇心，激发幼儿对园所中以及周围环境和物品的好奇心，并在和幼儿一起玩耍的时候，帮助幼儿找到自己喜欢的游戏。鼓励幼儿完成力所能及的事情，在幼儿完成后，给予一定的鼓励，增强幼儿的自信心 ● 物理环境 　1. 布置秋天收获的食物展示架、秋天的水果、蔬菜等。在种植角种植红薯、土豆、胡萝卜、小番茄、小青菜或其他在秋天成熟的食物 　2. 在教室中利用树枝、树杈等材料构建可以垂吊的架子。可在自然材料上打孔后，请幼儿用绳子将材料穿起来，既可以作为墙面装饰，也可以挂在窗户前作为风铃 　3. 请幼儿把捡到的不同形状、不同颜色的树叶贴在主题墙上	感知觉发展	喜欢吃水果和蔬菜	愿意闻、摸、品尝各种不同的水果和蔬菜
		动作发展	能手眼协调地做一些动作，能跳	尝试粘贴树叶等物品，尝试摘、够的动作
		情绪和社会性发展	开心地参与活动	吃到好吃的水果和蔬菜感到高兴
		语言发展	能学成人说话	愿意跟说或唱与水果、蔬菜相关的儿歌和童谣
		认知发展	认识几种熟悉的水果和蔬菜	认知各种秋天的水果和蔬菜
		艺术表现发展	喜欢跟着音乐舞蹈，喜欢自然材料的美	喜欢听着音乐与树叶进行舞蹈，尝试用树叶、水果、蔬菜等材料进行艺术创作

主题1：多彩的秋天

下面选取1个游戏活动和1个学习活动进行主题说明。因秋天有许多干果，非常适合幼儿通过剥开干果锻炼手部精细动作；秋天还会有很多落叶，适合幼儿捡拾不同形状的落叶，进行"树叶拓印画"。

游戏活动

游戏活动方案包括以下板块："三心"目标、"三心"细化、聚焦领域、环境创设、材料投放、经验准备、安全提示、活动目标、操作方法、观察与建议和活动资源。环境创设与第二章的区角环境创设相关；材料投放是本活动需要用到的材料，包括教师的自制教具等；经验准备是指幼儿在活动前已经具备的相关经验；安全提示提醒教师和幼儿在活动中注意一些安全隐患，做好防范措施；活动目标是活动的核心，每个活动主要聚焦在六大领域中的某两个领域；操作方法是活动的具体步骤；观察与建议是指教师在活动中需要重点观察幼儿的哪些表现，对教师的总结和评价有帮助；活动资源指活动当中需要用到的图片、绘本或音乐等相关资源的附录，方便教师在活动中利用这些资源来完成活动。

精细动作区：剥坚果

"三心"目标：好奇心　　　　　　　　　　　　　　"三心"细化：兴趣
聚焦领域：动作发展、感知觉发展

★ **环境创设**

创设精细动作区。

★ **材料投放**

各种易剥开的坚果，如花生、开心果，盛果干与果皮的容器。

★ **经验准备**

幼儿知道要将果皮剥开，才能吃到果肉。

★ **安全提示**

避免提供可能使幼儿过敏的坚果。

★ **活动目标**

1. 对剥开坚果、拿出果肉感到好奇。
2. 能开心地剥开坚果，闻一闻、尝一尝果肉。

★ **操作方法**

1. 选择喜欢的坚果，用小手从开口处将果壳剥开，取出果肉，然后把果壳放进相应容器。

2. 将剥出的果肉放进对应容器,再换一种坚果剥壳,也可以闻一闻、尝一尝剥出的果肉。

★ **观察与建议**

- 观察幼儿是否对剥开坚果、拿出果肉感到好奇。
- 观察幼儿是否开心地剥开坚果,并闻一闻、尝一尝果肉。
- 当幼儿不知道如何剥壳时,教师应先示范,或扶着幼儿的手教幼儿具体方法。

★ **活动资源**

图4-2 各种坚果

学习活动

学习活动方案包括以下板块:"三心"目标、"三心"细化、聚焦领域、活动目标、活动准备、活动过程、观察要点和活动资源。学习活动与游戏活动的区别在于,学习活动的活动目标实行了"宝塔错位",分为两个难度级别,分别针对"年龄小或能力弱的幼儿"和"年龄大或能力强的幼儿"。因1.5~3岁幼儿能力发展的跨度是很大的,且个体差异也非常大,所以在该年龄段适合采用"宝塔错位"的两级活动目标,让教师在活动中顾及所有的幼儿,让每一个幼儿在活动中都能有所收获,得到发展。

树叶拓印画

"三心"目标:好奇心　　　　　　　　　　　　　　　　　　　"三心"细化:兴趣

聚焦领域:艺术表现发展、动作发展

★ **活动目标**

1. 对用树叶拓印创作作品感到好奇。
2. 🌟 喜欢将树叶拓印在卡纸上。 ☀️ 有兴趣拓印树叶构成作品。

★ **活动准备**

环境：方便绘画的空间。

材料：各种树叶（叶脉清晰为佳）、各种颜色的颜料、笔刷、卡纸若干。

★ **活动过程**

1. 教师展示用树叶拓印好的作品一幅，吸引幼儿对拓印的兴趣。

师：谁知道树叶是什么颜色的？我有一片彩色的树叶，请你们看一看。想不想也做一片彩色树叶？

2. 教师出示各类树叶，并分发给幼儿，请他们观察不同树叶的样子。引导幼儿摸一摸叶子正面和反面，找一找叶脉。

🌟 鼓励幼儿摸一摸叶子正反面，帮助他找到叶脉。

☀️ 引导幼儿感受叶子正反面触感的不同，顺着叶脉摸一摸。

3. 示范拓印：桌面上铺设报纸，教师选择一片树叶，将叶脉面朝上放在报纸上，然后用颜料刷给树叶均匀地刷上自己喜欢的颜色。接着将刷好的树叶颜料面朝下，放置在彩色卡纸上，双手按压树叶后揭开，卡纸上便出现树叶的印子。

4. 邀请幼儿一起选用自己喜欢的树叶和颜料，均匀地涂抹在树叶的正面，进行拓印。

🌟 帮助幼儿涂颜料、固定叶子，请幼儿轻轻按压。

☀️ 幼儿熟练后，鼓励幼儿在一片叶子上涂多种颜色，欣赏拓印的效果。

5. 教师鼓励幼儿进行作品展示。

🌟 教师鼓励幼儿把自己的作品展示给大家看。

☀️ 教师鼓励幼儿说一说自己设计的树叶拓印作品有什么不一样。

★ **观察要点**

● 幼儿是否对用树叶拓印完成作品感到好奇。

🌟 幼儿是否喜欢自己把树叶拓印在卡纸上。

☀️ 幼儿是否有兴趣自己拓印树叶构成作品。

★ 活动资源

图 4-3 树叶拓印作品

主题 2：好吃的水果

下面选取 1 个游戏活动、1 个学习活动和 1 个家园互动活动进行主题说明。"果皮贴画"活动，秋天水果很多，水果皮可以用来做创意贴画；"猜一猜，是什么水果呢"活动，让幼儿通过感知觉猜一猜水果。水果是特别适合分享的，不仅在托育机构当中要进行分享，也鼓励家长在家庭中引导幼儿分享。

游戏活动

创意区：果皮贴画

"三心"目标：好奇心　　　　　　　　　　　　　　　　　　"三心"细化：兴趣
聚焦领域：艺术表现发展、动作发展

★ 材料投放

橘子皮、香蕉皮等果皮，背景纸若干（绘有花茎、叶子、草的背景纸，幼儿可以用橘子皮贴花；绘有海洋和桨的背景纸，幼儿可以用香蕉皮贴船），空白纸若干，胶水。

★ 经验准备

幼儿在帮助下可以完成粘贴的动作。

（安全提示：使用安全的胶水，提醒幼儿若胶水粘到身上或手上要及时告诉教师。）

★ 活动目标

1. 想要用果皮进行贴画。
2. 有兴趣选择不同的果皮进行贴画。

★ 操作方法

1. 幼儿选择果皮在背景纸上操作，如用橘子皮贴成小花，或者用香蕉皮贴成船。
2. 幼儿也可以选择在图片上进行果皮贴画。
3. 幼儿还可以自由选择各种果皮进行创意贴画。

★ 观察与建议

- 观察幼儿是否想要用果皮进行贴画。
- 观察幼儿是否有兴趣选择不同的果皮进行贴画。
- 若幼儿使用胶水有困难，教师可以帮助幼儿粘贴。

★ 活动资源

图 4-4　果皮贴画

学习活动

猜一猜，是什么水果呢

"三心"目标：好奇心　　　　　　　　　　　　　　　　　　"三心"细化：兴趣

聚焦领域：感知觉发展、情绪和社会性发展

★ 活动目标

1. 想要猜一猜水果,并品尝各种水果的味道。
2. 🌟 喜欢摸一摸、闻一闻、尝一尝各种水果。 ☀ 有兴趣通过摸、闻、尝来猜水果。

★ 活动准备

环境:户外草坪上或室内,幼儿和教师围坐在草坪的餐布或室内的地垫上;将"水果之王"(将活动中品尝到的几种水果做成相应图表)贴在角色扮演区或活动室墙面上。

材料:神秘盒(内装苹果、香蕉、橘子、梨子、小番茄、葡萄等常见水果),用盘子装好的切块水果,儿童水果叉。

经验:幼儿认识几种常见的水果。

(安全提示:避免使用幼儿会过敏的水果。)

★ 活动过程

1. 教师出示神秘盒。

师:神秘盒里有很多好吃的水果,是什么水果呢?

2. 教师请幼儿依次摸神秘箱里的水果,摸一摸、猜一猜,然后拿出水果来验证自己的猜测。
3. 教师请幼儿看一看、摸一摸、闻一闻自己手里的水果。
4. 教师请幼儿闭上眼睛,拿出切好的水果给幼儿喂水果块,并请幼儿吃完猜一猜自己吃到的是什么水果。

🌟 鼓励幼儿品尝水果,并用完整的水果引导幼儿说一说或指一指自己吃到的水果。

☀ 鼓励幼儿大胆猜测自己吃到的水果的名称,并尝试说一说自己吃到的水果是甜甜的还是酸酸的,是脆脆的还是软软的。

5. 教师请幼儿来到"水果之王"墙饰旁,并给幼儿每人一张小星星贴纸,请幼儿在自己喜欢的水果后面贴上贴纸。最后得到贴纸最多的水果就是"水果之王"。

★ 观察要点

● 幼儿是否想要猜一猜水果,并品尝各种水果的味道。

🌟 幼儿是否喜欢摸一摸、闻一闻、尝一尝各种水果。

☀ 幼儿是否有兴趣通过摸、闻、尝来猜水果。

家园互动

家园互动包括以下板块:"目标""教师与家长的沟通"以及"家长可以这样做"。其中,"目标"是与生活活动或主题活动保持一致的,目的是为了实现家园共育,巩固幼儿在托育机构当中的学习成果。"教师与家长的沟通"包括两个部分,"必要性和好处"向家长解释在家同步实施该活动能给幼儿带来哪些能力的提升,"解决家长的担忧与顾虑"帮助家长解决在实施活动过程中可能存在的一些困难。"家长可以这样做"为家长提供操作的具体方法,并从"情感支持"上给家长以鼓励,让家长能够充满热情地配合家园互动活动。

吃水果要分享

★ 目标

幼儿吃水果前懂得先分给家里人。

★ 教师与家长的沟通

1. 告知家长让幼儿分享食物的必要性和好处:
(1) 培养幼儿分享的习惯;
(2) 发展幼儿的移情和社会交往能力;
(3) 通过幼儿的分享行为提高幼儿的自信。

2. 解决家长的担忧与顾虑。
(1) 这个阶段幼儿还不太懂得分享的含义,但是可以从吃好吃的水果开始,让幼儿懂得好东西大家一起吃更快乐。可以从切开一个水果开始,让幼儿把水果块一一送给家里的大人,然后坐下一起享受美味。
(2) 坚持在吃水果时,让幼儿把水果分享出去,幼儿就会养成习惯,而在这种分享行为中,幼儿会获得认可,感受快乐。如果幼儿一开始不分享,也要在满足了幼儿吃水果的愿望后,鼓励和引导幼儿把其他的水果分享出去,幼儿会在给予中感受快乐,学会分享。

★ 家长可以这样做

1. 操作方法。
(1) 把好吃的水果切开后,鼓励幼儿送给爷爷奶奶、爸爸妈妈,然后大家坐在一起享受水果的美味。即使大人不想吃水果,也要接受幼儿的给予,并肯定幼儿的举动。
(2) 如果幼儿一开始不分享,也不要训斥幼儿,可以让幼儿先吃完,满足他迫切的吃的愿望,在这之后,要鼓励幼儿去把水果送给其他的大人。但是绝对不要让幼儿觉得分享了,自己就没有了。要让幼儿获得这样的体验:分享后,大家一起吃比一个人吃更开心。

2. 情感支持。

2~3岁幼儿正在发展自我意识,所以不要强迫幼儿分享自己的玩具、分享自己的食物。但是在家庭中要养成好的东西一起吃、好的物品一起玩的习惯,让幼儿体验分享的快乐、大家一起玩的快乐。

主题3:蔬菜王国

下面选取1个游戏活动、1个学习活动和1个家园互动活动进行主题说明。秋天里各种不同形状的蔬菜特别适合幼儿拓印创意画,在艺术创作中巩固幼儿对各种蔬菜的形象认知,家长也需要在家里倡导多吃蔬菜有益健康的观念。

游戏活动

创意区：蔬菜拓印

"三心"目标：信心　　　　　　　　　　　　　　　"三心"细化：自豪

聚焦领域：动作发展、艺术表现发展

★ **材料投放**

蔬菜剖面（莲藕、胡萝卜、水果椒、芹菜、秋葵等，可以利用胡萝卜头、莲藕头等厨余蔬菜），卡纸，各色颜料。

★ **经验准备**

幼儿能够进行拓印。

（安全提示：注意不要让幼儿把水果、蔬菜直接放入嘴里。）

★ **活动目标**

1. 能够用蔬菜进行拓印。
2. 对自己制作的蔬菜拓印画感到自豪。

★ **操作方法**

1. 用各种蔬菜切面蘸取颜料，拓印到卡纸上。
2. 用手指蘸取颜料进行添画。

★ **观察与建议**

● 观察幼儿能否用蔬菜进行拓印。
● 观察幼儿是否对自己制作的蔬菜拓印画感到自豪。

学习活动

蔬菜印画

"三心"目标：信心　　　　　　　　　　　　　　　"三心"细化：乐观

聚焦领域：艺术表现发展、动作发展

★ **活动目标**

1. 能够用不同蔬菜的剖面制作拓印画。
2. ⭐ 乐意尝试用手握住蔬菜蘸取颜料印画。☀ 积极尝试用不同的蔬菜拓印自己的作品。

★ **活动准备**

材料：蔬菜剖面（莲藕、胡萝卜、水果椒、芹菜、秋葵等），绘有花瓶等图案的卡纸，各色颜料。

经验：⭐ 能双手配合地做一些简单的事情。☀ 有拓印作画的经验。

（安全提示：注意不要让幼儿把蔬菜和颜料放进嘴巴。）

★ **活动过程**

1. 教师出示完整的蔬菜和蔬菜剖面,引导幼儿识别、观察。

师:猜猜我拿的是什么?(青椒)看看它的这一面(侧面)像什么?(小花)

2. 教师示范作画:先用蔬菜剖面蘸取颜料,再印在卡纸上。

3. 教师邀请一个幼儿操作,并对拓印的动作进行指导。

4. 教师选取水果椒蘸取红色、粉色(相近色)进行拓印,制作"花手帕"。

师:看,我在画纸上印出了红色和粉色的小花,方方的小纸像个"花手帕",是不是很好看?你也来试一试吧!

5. 教师分发绘制好花瓶等图案的卡纸,组织幼儿选取自己喜欢的蔬菜进行拓印创作。

🌟 鼓励幼儿尝试蘸取颜料并拓印到卡纸上。

☀️ 鼓励幼儿用不同的蔬菜拓印出不一样的形状,教师可引导添画。

师:你用胡萝卜印了一串红色的小圆片,你觉得像什么?(糖葫芦)糖葫芦还缺什么呢?(小木棍)

6. 活动结束后,引导幼儿展示自己的作品,并简单说一说自己的作品。

★ **观察要点**

● 幼儿能否用不同蔬菜的剖面制作拓印画。

🌟 幼儿是否乐意尝试用手握住蔬菜蘸取颜料印画。

☀️ 幼儿能否积极尝试用各种不同的蔬菜拓印自己的作品。

家园互动

我爱吃蔬菜

★ **目标**

幼儿能够认真咀嚼,学会吃蔬菜,做到不挑食。

★ **教师与家长的沟通**

1. 告知家长培养幼儿爱吃蔬菜的必要性和好处。

(1)发展幼儿的咀嚼能力,促进其颌面部和语言的发展;

(2)培养幼儿良好的饮食习惯;

(3)促进幼儿身体的营养均衡;

(4)有利于幼儿的身体发育。

2. 解决家长的担忧与顾虑。

(1)蔬菜因为粗纤维较多,一些幼儿不太爱吃,家长也就放弃了这些蔬菜,而选择一些软的、好吸收的食物给幼儿,这容易养成幼儿偏食的习惯。所以对于幼儿不太喜欢的蔬菜,家长应注意采用一些其他的方法鼓励幼儿吃。

(2) 2~3岁幼儿的咀嚼能力需要在用餐中练习,吃蔬菜时细细咀嚼,慢慢吞咽,这些过程有利于幼儿颌面部的发展。如果只给幼儿吃软的、好吞咽的食物不利于其口腔机能的发展,还会影响到幼儿的语言发展。

★ 家长可以这样做

1. 操作方法。

(1) 与奇妙园的理念保持一致,鼓励幼儿尝试吃各种蔬菜,比如"让眼睛亮亮"的胡萝卜,"让骨骼更强壮"的小番茄,等等。

(2) 让幼儿参与择菜、摆盘,用色、香、味等让幼儿体会每种蔬菜的味道,知道蔬菜会让自己长得更健康。回顾儿歌:小哥哥,爱挑食,不吃肉也不吃菜;小弟弟,不挑食,样样食物都喜爱。两个人来比高矮,哎呀呀,哎呀呀,哥哥却比弟弟矮。

2. 情感支持。

幼儿的饮食习惯很容易受到周边环境和大人的影响,所以大人要以身作则,相信每一种食物都有其营养价值,一日三餐注意合理的营养搭配,不要厚此薄彼,更不要因为自身的偏见,造成幼儿的偏食和挑食。幼儿年龄小,可塑性强,这个蔬菜现在不吃,过几天换个花样就会愿意吃。所以要坚持向幼儿传递营养饮食的理念,养成习惯后就可以避免营养方面的问题。

主题4:丰收节

下面选取1个游戏活动和1个学习活动进行主题说明。"丰收啦"活动,可以鼓励幼儿自己去体验丰收的喜悦,感受秋天是丰收的季节;"长果子了"活动,让幼儿用小手指拓印果子,感受秋天满树的果实。

游戏活动

种植饲养区:丰收啦

"三心"目标:信心　　　　　　　　　　　　　　　　　"三心"细化:自豪
聚焦领域:认知发展、动作发展

★ 材料投放

小铲子。

★ 经验准备

幼儿知道种植角种了哪些食物,平时参与了浇水等活动。

★ 活动目标

1. 能够用小铲子挖出红薯。

2. 挖出红薯后感到很自豪。

★ 操作方法

1. 用小铲子铲出地下的红薯。
2. 把挖出来的红薯放在筐中。
3. 教师给幼儿和红薯拍合照,并贴在教室里。
4. 把红薯清洗干净,送到厨房。

★ 观察与建议

- 观察幼儿能否用小铲子挖出红薯。
- 观察幼儿是否在挖出红薯后感到很自豪。
- 教师可以请厨师把红薯蒸好,让幼儿一起品尝自己的劳动成果。

学习活动

长 果 子 了

"三心"目标:好奇心　　　　　　　　　　　　"三心"细化:喜悦

聚焦领域:艺术表现发展、感知觉发展

★ 活动目标

1. 想要用手指拓印果子。
2. 喜欢蘸取颜料拓印到大树底图上。 开心地用手指进行创意绘画。

★ 活动准备

环创:作品墙。

材料:水果(苹果、橘子、樱桃等)、大树底图若干、各种颜料。

★ 活动过程

1. 教师带来大大小小的一些长在树上的水果(苹果、橘子、樱桃等),请幼儿指认。

师:秋天有好多的水果哦,看一看有什么水果呢? 这些水果是长在哪里的呢?

2. 教师出示水果长在树上的图片。

师:看,树上都长了什么水果?

3. 教师出示大树底图。

师:这一棵树有果子吗? 哦,光秃秃的,我们给它画上果子吧。

4. 教师示范用手指蘸取颜料拓印到大树底图上,并请每个幼儿都在大树底图上拓印一次。
5. 教师用手指拓印更多形状的创意画。
6. 教师分发大树底图,请幼儿用手指拓印果子。

鼓励幼儿用手指蘸取颜料,感受颜料蘸在手指上黏黏湿湿的感觉,并在大树上进行拓印。

☀ 在幼儿熟悉掌握手指拓印后,鼓励幼儿拓印出更多不同形状的水果,比如拓印一串葡萄。

7. 教师邀请幼儿展示自己的作品,并展示在作品墙上。

★ 观察要点

● 幼儿是否想要用手指拓印果子。

🌟 幼儿是否喜欢蘸取颜料拓印到大树底图上。

☀ 幼儿能否开心地用手指进行创意绘画。

二、冬爷爷来了

表4-2 "冬爷爷来了"主题说明

设计意图	环境创设	领域目标		
		领域	已有经验	预期目标
北风呼呼吹,冬爷爷卷带着雪花登场了,又是一个季节的变迁,幼儿能够明显地感受到寒冷,但是对于冬天这个季节还没有整体性的认知。在奇妙园中,幼儿会经历一个不一样的冬天,他们会认识冬天里各种标志性的事物,比如雪花、梅花等,还能知道他们喜爱的小动物是如何过冬的,又会准备哪些食物过冬 在冬天,还有重要的节日——元旦,幼儿能感受到年份的更替和自己又长大了一岁的喜悦	● 人际环境 　冬天室内外温差比较大,教师们要特别注意幼儿的身体状况,而且要关注到幼儿因为穿着厚厚的衣服行动会有些受限。到这个月,教师要给幼儿留足够的游戏时间,让幼儿能够专注游戏,在游戏中玩出深度和创意,在游戏中培养毅力 ● 物理环境 　1. 冬天主题的墙面互动元素:幼儿可以参与创作雪花、梅花;教师可以用硬纸板制作大大小小的雪花形状的齿轮,固定在墙面上,幼儿可以滚动;窗户上可以贴上自制的小雪花 　2. 布置小动物过冬元素,冬眠动物、候鸟动物、极地动物等不同方式过冬的小动物。结合西湖、西溪湿地、钱塘江可以看到的候鸟,做相应的背景和元素,以及各种小动物准备过冬或冬天会吃的食物 　3. 可以在教室顶部布置一些与元旦有关的喜庆吊饰	感知觉发展	知道冬天冷	感受冰或雪的冷冰冰,感受棉花的毛茸茸
		动作发展	能够简单模仿老师做的动作,喜欢玩球	尝试做手指操,能够双手配合滚大龙球
		情绪和社会性发展	能初步表达自己的情感	对完成的事情感到自豪
		语言发展	愿意跟着教师念童谣	能够坚持练习念童谣
		认知发展	能说出常见物品的名称	了解冬天里的基本元素——雪、梅花等,了解新年的各种元素
		艺术表现	喜欢用颜料进行创作	尝试拓印

主题1:冬 爷 爷

下面选取1个游戏活动、1个学习活动和1个家园互动活动进行主题说明。"梅花朵朵开"活动,让幼儿拓印梅花,认知冬季特有的花朵;"我不怕冷"活动,让幼儿通过运动使自己暖和起来,知道运动是抵御严寒最好的方式;在家园互动活动当中,也鼓励家长继续向幼儿教授怎么让自己暖和起来并保护自己的方式。

游戏活动

创意区:梅花朵朵开

"三心"目标:好奇心　　　　　　　　　　　　　　　　"三心"细化:喜悦

聚焦领域:艺术表现发展、感知觉发展

★ 材料投放

各种颜料、颜料刷、棉花棒。

★ 经验准备

幼儿知道冬天有梅花。

★ 活动目标

1. 想要用手指或棉花棒点画梅花。
2. 喜欢感受颜料的触感,以及用手或棉花棒点画梅花。

★ 操作方法

1. 幼儿用手指或棉花棒蘸取红色的颜料。
2. 幼儿用手指在主题墙的梅花树上按压,或者用棉花棒点画梅花。

★ 观察与建议

- 观察幼儿是否想要用手指或棉花棒点画梅花。
- 观察幼儿是否喜欢感受颜料的触感,并喜欢用手指或棉花棒点画梅花。
- 教师可以引导幼儿用手指或棉花棒点画五片花瓣,形成一朵大梅花。

★ 活动资源

图4-5　幼儿拓印的梅花

学习活动

我不怕冷

"三心"目标：善心　　　　　　　　　　　　　　　　　　　"三心"细化：关怀

聚焦领域：认知发展、动作发展

★ **活动目标**

1. 知道冬天有哪些让自己暖和的方式。
2. 🌟跟着教师动一动来让自己暖和起来。☀️知道用一些让自己暖和起来的方式来关怀自己。

★ **活动准备**

材料：冬天的衣服、帽子、围巾，夏天的衣服、帽子，儿歌《宝宝不怕冷》。

经验：🌟愿意跟着教师做动作。☀️知道冬天的时候很冷。

★ **活动过程**

1. 教师带幼儿从户外回到室内。

师：冬天外面很冷很冷，我们的小手小脸是不是冰冰凉？

2. 教师摸一摸幼儿的小手小脸，让幼儿互相摸一摸小手小脸，看看凉不凉。
3. 教师拿出冬天和夏天的衣服装备。

师：冬天这么冷，要穿戴哪些东西才会不怕冷呢？

4. 邀请幼儿一起挑选冬天的装备。

🌟请幼儿指一指哪些是冬天应该穿的衣服和帽子等。

☀️请幼儿给冬天的衣服和夏天的衣服进行分类。

5. 教师请幼儿说一说还有什么不怕冷的办法。
6. 教师放儿歌《宝宝不怕冷》，请幼儿跟着教师一起搓搓小手，动动手脚。

🌟鼓励幼儿跟着教师动一动。

☀️鼓励幼儿跟着教师运动，让自己暖和起来。

7. 教师带着幼儿运动后，摸一摸大家的脸和小手，让幼儿感觉到自己暖和起来了。

★ **观察要点**

- 幼儿是否知道在冬天让自己暖和起来的方式。

🌟幼儿能否跟着教师动一动来让自己暖和起来。

☀️幼儿是否知道用一些让自己暖和起来的方式来关怀自己。

★ **活动资源**

儿歌《宝宝不怕冷》

北风呼呼，

吹红了雪人的鼻子,

我们和雪人一起,

在雪地上游戏。

家园互动

冬天我不怕

★ 目标

幼儿学习和巩固一些抵御寒冷的方法。

★ 教师与家长的沟通

1. 告知家长让幼儿学会一些抵御寒冷的方法的必要性。

(1) 掌握更多御寒方式,促进幼儿的认知发展;

(2) 促进幼儿应对外界温度变化的能力;

(3) 促进幼儿的观察能力,发展幼儿的逆商。

2. 解决家长的担忧与顾虑。

(1) 幼儿不能根据外界的冷热添加衣物,是因为他们认知水平还比较低,还不太能很好地照顾自己。所以需要家长和教师更多的呵护,提醒幼儿注意衣着和保暖。

(2) 天特别冷,又没有足够的衣物保暖的时候,幼儿如果能够搓搓小手、运动运动,便可以增加热量、抵御寒冷,幼儿只有懂得这些才能更好地保护自己。

★ 家长可以这样做

1. 操作方法。

(1) 通过了解小动物过冬的方式,提醒幼儿,天冷的时候可以像一些有毛的动物一样,穿上厚厚的衣服、戴上帽子、手套抵御寒冷。

(2) 如果觉得小手凉凉的,浑身还是很冷,可以通过搓搓小手、揉揉小脸、跑一跑、动一动,让自己变得热起来。

(3) 观察身边的人们都有哪些抵御寒冷的方式:晚上睡觉盖上厚厚的棉被,抱着温暖的热水袋,打开电暖气、空调,再冷的温度也不怕。

2. 情感支持。

抵御寒冷,战胜寒冷,处处透露着人类的智慧和文明。应引导幼儿看到人们为了抵御寒冷所做出的种种努力,感受面对大自然的考验,我们可以想出很多办法战胜困难。所以遇到困难不要害怕,多动脑筋,一定可以想出办法。

主题2：有趣的雪花

下面选取1个游戏活动和1个学习活动进行主题说明。"雪花出来了"和"雪花飘飘"活动，让幼儿用不同的方式感受制作雪花的乐趣以及雪花的飘舞，感受冬天里的快乐，了解雪花是冬天里最独特的风景。

游戏活动

创意区：雪花出来了

"三心"目标：好奇心　　　　　　　　　　　　　　"三心"细化：兴趣
聚焦领域：动作发展、艺术表现发展

★ **材料投放**

各种颜料、颜料刷、棉花棒，自制的雪花图（用白色蜡笔在白色纸上画雪花）。

★ **经验准备**

幼儿知道雪是冬天的事物。

★ **活动目标**

1. 对"雪花出来了"感到好奇。
2. 有兴趣用颜料刷出"雪花"。

★ **操作方法**

1. 幼儿用大刷子蘸取稀释的蓝色颜料。
2. 将蓝色颜料刷在白纸上（已经用白色蜡笔画上雪花），雪花就出来了。

★ **观察与建议**

- 观察幼儿是否对"雪花出来了"感到好奇。
- 观察幼儿是否有兴趣用颜料刷出"雪花"。

★ **活动资源**

图4-6 "雪花"出来了

雪 花 飘 飘

"三心"目标：信心　　　　　　　　　　　　　　　　　　　"三心"细化：自豪

聚焦领域：艺术表现发展、动作发展

★ 活动目标

1. 能够用吸管和萝卜块拓印雪花。
2. ⭐对自己能够拓印雪花感到自豪。☀对自己创作的各种颜色、大小、形状的雪花作品感到骄傲。

★ 活动准备

材料：吸管（末端剪开若干条，可以拓印雪花）、萝卜块刻的雪花、各种颜料。

经验：⭐幼儿认识雪花。☀幼儿通过上个活动了解到冬天会下雪。

（安全提示：注意不要让幼儿把吸管、萝卜块放进嘴里。）

★ 活动过程

1. 教师念之前活动中的儿歌，并提问：白花朵朵栽，白花是什么呢？
2. 教师出示下雪的动画视频给幼儿看。

师：冬天会下雪，雪花真漂亮。

3. 教师示范用吸管和萝卜块拓印雪花。

师：看，雪花飘起来了。

4. 教师分发纸、吸管、萝卜块和各种颜料，邀请幼儿一起尝试拓印雪花。

⭐引导幼儿将吸管和萝卜块蘸上颜料，并尝试拓印到纸上。

☀鼓励幼儿选择不同的颜料和拓印材料，拓印出颜色、大小、形状不同的雪花。

5. 教师带领幼儿来到主题墙前面，引导幼儿给主题墙添画上雪花。

⭐鼓励幼儿用刚刚使用的拓印方法在主题墙上拓印雪花。

☀鼓励幼儿拓印出自己喜欢的颜色、大小、形状的雪花。

6. 拓印结束，教师和幼儿一起欣赏自己创作的雪花主题墙。

★ 观察要点

- 幼儿能否用吸管和萝卜块拓印雪花。

⭐幼儿是否对自己能够拓印雪花感到自豪。

☀幼儿能否对自己创作的各种颜色、大小、形状的雪花感到骄傲。

★ **活动资源**

图4-7 拓印雪花

主题3：小动物过冬

下面选取1个游戏活动、1个学习活动和1个家园互动活动进行主题说明。"乌龟宝宝冬眠啦"活动，让幼儿观察冬天里乌龟冬眠的样子，了解动物们是如何过冬的；"小企鹅的冬天"活动，让幼儿通过模仿小企鹅挤在一起走动抗寒的样子，来了解运动和抱团取暖的重要性；"认识冬天"的家园互动活动，鼓励家长带领幼儿在日常生活中了解冬天的特点。

游戏活动

种植饲养区：乌龟宝宝冬眠啦

"三心"目标：善心　　　　　　　　　　　　　　　　　"三心"细化：责任

聚焦领域：认知发展、情感和社会性发展

★ **材料**

乌龟、乌龟饲料。

★ **经验准备**

幼儿喂过乌龟。

（安全提示：提醒幼儿不要用手直接触碰乌龟。）

★ 活动目标

1. 能够轻声细语地表达对乌龟的善心。
2. 有照顾冬眠乌龟的意识。

★ 操作方法

1. 轻声地观察冬眠的乌龟。
2. 注意不要敲击、触摸乌龟。

★ 观察与建议

- 观察幼儿能否轻声细语地表达对乌龟的善心。
- 观察幼儿是否有照顾冬眠乌龟的意识。

学习活动

小企鹅的冬天

"三心"目标：好奇心　　　　　　　　　　　　　　"三心"细化：喜悦

聚焦领域：动作发展、情绪和社会性发展

★ 活动目标

1. 对企鹅过冬的方式感到好奇。
2. 🌟 喜欢模仿企鹅走路。 ☀ 开心地玩企鹅围圈走路取暖的游戏。

★ 活动准备

材料：企鹅过冬的视频、儿歌《企鹅舞》。

经验：🌟 知道企鹅怎么走路。 ☀ 能按照教师的指令完成任务。

★ 活动过程

1. 教师模仿小企鹅走路，让幼儿猜一猜是什么动物。

师：看一看，是谁来做客了？

2. 邀请幼儿一起模仿小企鹅走路。
3. 教师播放小企鹅挤在一起过冬的视频。

师：雪地里真冷啊，小企鹅们挤在一起，走啊走，走啊走，这样是不是就暖和起来了呢？

4. 教师邀请幼儿围成一个圈，模仿企鹅围着圈儿走，并跟着教师的指令快走、慢走、转圈圈。

5. 教师播放儿歌《企鹅舞》，并与幼儿玩企鹅围着圈取暖的游戏。音乐开始后，大家就围成一个圈，跟着教师模仿企鹅快走、慢走、转圈圈，教师说"暴风雪来了"，大家就挤到一起，抱在一起。

🌟 鼓励幼儿模仿企鹅走路。

★ 鼓励幼儿跟着教师的节奏玩企鹅围着圈取暖的游戏,并能够抱住其他的幼儿。

6. 教师总结:小企鹅们是不是都暖和起来了,不怕冷了呢?

★ **观察要点**

● 幼儿是否对企鹅过冬的方式感到好奇。

⭐ 幼儿是否喜欢模仿企鹅走路。

★ 幼儿能否开心地玩企鹅围圈走路取暖的游戏。

★ **活动资源**

儿歌《企鹅舞》

企鹅在哪里呀,企鹅在南极。
企鹅在哪里呀,在那冰雪里。
摇摇摆摆,摇摇摆摆,
企鹅在冰雪里。

家园互动

认 识 冬 天

★ **目标**

幼儿通过穿戴衣物、观察周边的动物与植物,感知冬天。

★ **教师与家长的沟通**

1. 告知家长让幼儿感知冬天,了解冬天的必要性。

(1) 提高幼儿的感知能力,感受环境和温度的变化;

(2) 观察冬天的景物,提高观察能力;

(3) 了解动植物的知识,增强认知能力。

2. 解决家长的担忧与顾虑。

(1) 冬天温度比较低,幼儿依然喜欢到户外活动,其实没有必要过分担心。给幼儿穿合适的衣物,做好防护措施,和幼儿一起观察了解冬天的植物、动物,观察周围人们的动作和行为,也是一件不错的事情。

(2) 有些幼儿不愿意穿很多的衣服,往往是并没有觉得很冷。家长可以在外出时给幼儿带好备用衣服,幼儿冷了就会知道穿衣服了。

★ **家长可以这样做**

1. 操作方法。

(1) 观察身边的环境和人们穿的衣物,让幼儿知道冬天到了,人们会换上冬天的衣服,戴上帽子和手套。和幼儿一起看绘本,了解《小雪人》的故事。冬天天气很冷的时候,水会冻成冰。和幼儿一起观察身边的小动物、植物,感知冬天。

(2) 如果下雪了就带幼儿出去堆个小雪人,或把雪水带回家里感受雪的融化。

2. 情感支持。

一年四季,温度的变化和幼儿的生活紧密相连,幼儿需要在日常生活中感知环境,感知自己生活的地域的特点,感知人们的劳作,感知动植物的繁衍生息。人们要随着环境的变化改变自己的穿着和作息,从而感受人与自然的和谐共处,幼儿也要学会适应、学会改变、学会与自然相处。

主题4：元旦新年到

下面选取1个游戏活动和1个学习活动进行主题说明。"烟花筒"活动,让幼儿通过手工制作来体会新年放烟花的快乐,感受新年的传统活动;"新年快乐"活动,让幼儿通过音乐和乐器感受新年的热闹气氛。

游戏活动

创意区：烟花筒

"三心"目标：好奇心　　　　　　　　　　　　　　"三心"细化：喜悦

聚焦领域：感知觉发展、情绪和社会性发展

★ **材料投放**

自制烟花棒(用气球套在纸筒上)、各色纸、超轻黏土、模具、小木棍。

(安全提示：小木棍不要戳到自己和他人。)

★ **活动目标**

1. 对用烟花筒放烟花感到好奇。
2. 对烟花筒放出烟花产生喜悦感。

★ **操作方法**

1. 把各种颜色的纸张撕成碎屑,放在烟花筒里面。
2. 拉烟花筒上的气球,让碎屑洒在空中——"放烟花"。
3. 把所有的碎屑捡起来,放回盒子里。

★ **观察与建议**

- 观察幼儿是否对烟花筒放烟花感到好奇。
- 观察幼儿是否对烟花筒放出烟花产生喜悦感。

★ 活动资源

图 4-8 制作烟花筒

学习活动

新 年 快 乐

"三心"目标：好奇心　　　　　　　　　　　　　　　　"三心"细化：喜悦

聚焦领域：艺术表现发展、语言发展

★ 活动目标

1. 想要唱儿歌《新年快乐》。

2. 🌟喜欢跟唱儿歌《新年快乐》。☀️开心地唱儿歌并用编钟进行伴奏。

★ 活动准备

材料：儿歌《新年快乐》、自制编钟、小木棒。

经验：🌟幼儿能够跟唱简单的儿歌。☀️幼儿有敲过"编钟"。

★ 活动过程

1. 教师播放儿歌《新年快乐》。

师：你们听过这首歌吗？唱的是什么呢？唱的是"新年好"哦！

2. 教师再次播放儿歌，并根据歌词表演相应的动作。

3. 教师也可以唱一遍中文的《新年快乐》儿歌。

4. 教师出示自制编钟，用小木棒敲击编钟给《新年快乐》配乐。

🌟鼓励幼儿在听到 coo-coo 的时候跟着教师做动作。

☀️鼓励幼儿跟着音乐节奏敲击编钟。

5. 教师鼓励幼儿一起跳、一起唱，庆祝新年。

★ **观察要点**

- 幼儿是否想要唱儿歌《新年快乐》。
- 幼儿是否喜欢跟唱儿歌《新年快乐》。
- 幼儿能否开心地唱儿歌并用自制编钟进行伴奏。

★ **活动资源**

儿歌《新年快乐》

斑鸠鸟，

在屋檐唱着歌，

coo-coo，coo-coo，

新年快乐。

coo-coo，coo-coo，

新年快乐。

三、春天来了

表4-3 "春天来了"主题说明

设计意图	环境创设	领域目标		
		领域	已有经验	预期目标
奇妙园的下学期开始了，春天也来到了，幼儿就像春天里萌发的嫩芽一样充满生命的能量，迅速成长。在春天里，幼儿会认识新长出来的小草、树枝上的嫩芽，观察发芽的豆子。在春天里，小昆虫们也出来了，有哪些有趣的昆虫会和幼儿一起玩儿呢？在春天里，幼儿还能跟着奇妙园一起游一游美丽的杭州西湖，发现大自然中的美	● 人际环境 寒假过后，经过短暂的分别，幼儿在入园的时候也可能会出现暂时的不适应，幼儿的生活节奏需要有一定的调整适应期。教师们也要注意放下一些焦虑，允许幼儿出现暂时的"退步"，给足幼儿重新适应的时间，等过了这段时期后，幼儿会迅速成长 ● 物理环境 1. 主题墙：在活动室墙面上布置出春天的画面，分为春天的植物、食物、昆虫、春天的西湖等板块；布置"美丽的花草""各种各样的豆制品""蝴蝶和蜜蜂"等墙饰；收集幼儿的作品，画面上有生长出来的小草、树叶，盛开的花朵，蝴蝶、蜜蜂在花丛中飞舞 2. 在种植区种植豆类、花草等植物，引导幼儿经常去种植区观察植物的生长变化，记录豆类和花草的成长过程	感知觉发展	知道软软的、硬硬的感觉	感受春天里植物的不同触感
		动作发展	能够跳跃	能够双脚跳跃并跳过障碍物
		情绪和社会性发展	想要完成活动任务	能坚持完成活动任务
		语言发展	能够用短句回答教师的问题	能用短句描述周围的事物
		认知发展	认识并能说出常见物品、动物的名称	认识春天里周围环境发生的变化和春天里的典型元素
		艺术表现发展	愿意跟着音乐做动作	能用动作表达对歌曲的理解

主题1：春　天

下面选取1个游戏活动、1个学习活动和1个家园互动活动进行主题说明。"种豆豆"活动让幼儿通过自己亲手种植，感受春天里万物生长的喜悦；"春天来了"活动让幼儿通过观察周围的大自然，感受春天里的变化；"感知春天"活动鼓励家长带幼儿走出家门，感受周围自然环境当中的季节变化。

游戏活动

种植饲养区：种豆豆

"三心"目标：善心　　　　　　　　　　　　　　　　　　　　"三心"细化：责任

聚焦领域：动作发展、情绪和社会性发展

图4-9　种植区环境创设

★ **环境创设**

在种植区种植豆类、花草等植物，引导幼儿经常去种植区观察植物的生长变化，记录、呈现豆类和花草的成长过程，如图4-9。

★ **材料投放**

泡好的芸豆、蚕豆、绿豆若干，贴有幼儿标记的果冻碗人手一个，小勺人手一把，水一桶、塑料瓶、塑料小碗、小水壶等物品若干。

★ **经验准备**

幼儿已经认识一些豆子，如绿豆。

（安全提示：提醒幼儿不要把豆子放入嘴里。）

★ **活动目标**

1. 愿意种植并照看小豆豆。
2. 自觉为豆豆浇水。

★ **操作方法**

1. 用小勺舀土，倒在果冻碗中，选择自己喜欢的豆子放到里面。
2. 装满土，用手压一压，给豆子浇水。
3. 将种好的豆子放在种植区，观察豆子的变化。

★ **观察与建议**

● 观察幼儿是否愿意尝试种植豆子。
● 观察幼儿能否给豆子浇水，照顾豆子。
● 给幼儿示范种植的方法，提醒幼儿不要将土放得太满，引导幼儿观察豆子的生长变化。

★ **活动资源**

图 4-10　种豆子

学习活动

春 天 来 了

"三心"目标：好奇心　　　　　　　　　　　　　　　　　　"三心"细化：兴趣

聚焦领域：认知发展、语言发展

★ **活动目标**

1. 对春天到来后草地和花的变化感到好奇。
2. 🌟 乐于观察草地和花的变化，在教师的引导下发现并说出"草""花"。☀ 主动观察发现草地和花的变化，能说出短句"小草长出来了""草地变绿了""花儿开了"。

★ **活动准备**

材料：儿歌挂图。

经验：🌟 认识小草和花等植物。☀ 了解小草和花的颜色。

★ **活动过程**

1. 谈话导入：小朋友，春天到了，外面很多植物都发生了变化，我们一起去看看，好吗？
2. 带领幼儿到户外，引导其观察草地上新长出的小草。

师：小朋友，看看草地有什么变化？小草是什么颜色的？

3. 引导幼儿观察树上或草丛里开的花。

师：看一看草丛里、树上还有什么也长出来了？

4. 鼓励幼儿大胆地用短句说出自己的发现：小草长出来了，草地变绿了，花儿开了。

⭐ 引导幼儿观察小草和大树的变化,尝试说出自己的发现。

🌞 鼓励幼儿大胆地用短句说出自己的发现:小草长出来了,草地变绿了,花儿开了。

5. 自由观察托育机构内的其他植物,大胆说出自己的发现。
6. 学习儿歌《春天来了》,教师念儿歌,幼儿尝试用身体表现歌词的内容。

★ 观察要点

● 幼儿是否对春天到来后草地和花的变化感到好奇。

⭐ 幼儿是否乐于观察草地和花的变化,在教师的引导下发现并说出"草""花"。

🌞 幼儿能否主动观察发现草地和花的变化,能否说出短句"小草长出来了""草地变绿了""花儿开了"。

★ 活动资源

儿歌《春天来了》

春天来了,
桃花开,
燕子又飞来。
春天来了,
青草青,
松鼠爬出来。

家园互动

感 知 春 天

★ 目标

幼儿能够用自己的五官充分感知春天,亲近自然。

★ 教师与家长的沟通

1. 告知家长让幼儿感知春天的必要性和好处。
(1)促进幼儿感知觉的发展;
(2)发展幼儿的观察能力;
(3)提高幼儿感觉的敏锐性,促进思维的发展;
(4)加强和大自然的连接,陶冶幼儿的性情。

2. 解决家长的担忧与顾虑。

幼儿在户外可能用手捡石头、树叶,抠地上的洞,不太注意卫生。其实这些对幼儿来说并无害处,只要事后做好清洗工作即可。幼儿不应该生活在无菌的世界里,和大自然的广泛接触反而有利于提高幼儿的免疫力和抵抗力。泥土、沙子、树叶是幼儿天然的玩具。

★ **家长可以这样做**

1. 操作方法。

（1）春天天气变暖，带幼儿在小区或公园里观察柳树发芽了、迎春花开了、小蝌蚪在水里游，闻一闻花和草的味道，听一听小燕子的叫声，可以让幼儿感受到大自然的勃勃生机。

（2）和幼儿一起吟诵在奇妙园里学会的儿歌《春天来了》，唤起幼儿对春天的美好感受。"青青小草，伸出脑袋，招手点头，告诉我们，春天来了，春天来了。点点绿芽，伸出脑袋，眨眨眼睛，告诉我们，春天来了，春天来了。"

2. 情感支持。

大自然是幼儿最好的朋友，带幼儿去踏青，充分调动五官感受天气的变化，欣赏美丽的风景，和花草树木、天空、云朵在一起，呼吸新鲜的空气，感受大自然的馈赠。增加幼儿和自然的连接，发展审美能力，陶冶情操。

主题2：宝宝游西湖

下面选取1个游戏活动、1个学习活动和1个家园互动活动进行主题说明。因研发"三心"课程的托育机构位于杭州，而春天的西湖是极美的，所以创设了这个主题活动。"搭桥"活动，让幼儿用积木等材料搭建西湖中各种各样的桥；"西湖的波浪"活动，让幼儿用各种材料表达对西湖温柔波浪的感受；"宝宝游西湖"活动，让家长能够带幼儿去西湖游玩，弥补在托育机构当中无法进行的活动。

游戏活动

益智区：搭桥

"三心"目标：信心　　　　　　　　　　　　　　　　　　"三心"细化：毅力

聚焦领域：动作发展、认知发展

★ **材料投放**

积木、卡纸、双面胶。

★ **经验准备**

幼儿见过苏堤。

（安全提示：防止积木砸到幼儿。）

★ **活动目标**

1. 有信心搭建桥的造型。
2. 能坚持用积木和卡纸搭建桥。

★ **操作方法**

1. 用积木搭建桥墩。

2. 选择自己喜欢颜色的卡纸搭建桥面。
3. 将玩具车放在桥面上行驶,将船放在桥下划过。

★ 观察与建议

● 观察幼儿是否有信心搭建桥的造型。
● 观察幼儿能否坚持用积木和卡纸搭建桥。
● 教师可以将不同重量的物体放在桥面上,引导幼儿观察桥面的状态。

★ 活动资源

图 4-11 搭桥

学习活动

西湖的波浪

"三心"目标:善心　　　　　　　　　　　　　　　　　　　　　　"三心"细化:合作

聚焦领域:情绪和社会性发展、艺术表现发展

★ 活动目标

1. 乐于和同伴们一起用彩虹伞制造波浪。
2. ⭐乐于跟教师和同伴一起制造"波浪"。☀跟随音乐节奏配合同伴一起制造"波浪"。

★ 活动准备

环境:晴朗天气下,在宽敞的草坪上。

材料:彩虹伞、小船(自制教具)、音乐《走和跑》。

经验:⭐见过船在湖面行驶的样子。☀观察过湖面的波浪。

★ 活动过程

1. 教师拿出彩虹伞,将小船放在彩虹伞上。

师:宝宝,现在有一艘小船开到了西湖里,小船遇到了会跳舞的波浪;这个波浪一会儿小,一会儿大,现在我们就一起感受一下这波浪是如何跳舞的吧!

2. 教师抖动彩虹伞制造"波浪",说"小波浪"就轻轻地抖动,说"大波浪"就增大抖动幅度。

3. 教师邀请幼儿拉着彩虹伞边缘,和同伴们跟随教师口令操作。说"小波浪"时轻轻抖动彩虹伞制作小波浪,说"大波浪"时增大幅度抖动彩虹伞。

4. 教师播放音乐《走和跑》,引导幼儿跟随音乐的节奏操作。慢节奏时,轻轻抖动彩虹伞制造"小波浪";快节奏时,增大幅度制造"大波浪"。

🌟 教师握住幼儿的手一起跟随音乐制造"大波浪"和"小波浪"。

☀️ 教师鼓励幼儿倾听音乐,并跟上音乐节奏,配合同伴制造"大波浪"和"小波浪"。

5. 活动结束。

师:小船在西湖里划行了这么久,它有些疲倦需要休息了,宝宝们也休息一会儿吧!

★ 观察要点

● 幼儿是否乐于和同伴们一起用彩虹伞制造波浪。

🌟 幼儿是否乐于跟教师和同伴一起制造"波浪"。

☀️ 幼儿能否跟随音乐节奏、配合同伴一起制造"波浪"。

家园互动

宝宝游西湖

★ 目标

幼儿和爸爸妈妈一起去西湖游玩,感知西湖的美丽风光。

★ 教师与家长的沟通

1. 告知家长让幼儿去西湖游戏的必要性。

(1) 观看西湖的美丽景色,感受西湖的美;

(2) 通过看看、听听、指指,发展幼儿的感知能力;

(3) 开阔幼儿的视野,陶冶幼儿的情操;

(4) 丰富幼儿的感官,促进幼儿思维的发展。

2. 解决家长的担忧与顾虑。

(1) 天气好的时候带幼儿去西湖走一走,虽然幼儿小,不一定能记住什么,但通过看湖、看桥、看柳树、看船、看雷峰塔,能够丰富幼儿的感官形象,有利于促进幼儿想象力和思维的发展。

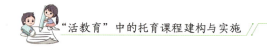

（2）虽然幼儿年龄尚小，易疲劳也易兴奋，但只要安排好时间，注意劳逸结合，幼儿一定会玩得很开心。

★ 家长可以这样做

1. 操作方法。

（1）带好水和食物，带幼儿到西湖边上走一走，给幼儿指指雷峰塔，讲讲西湖上的桥，看一看西湖旁边的树，坐一坐西湖的船，让幼儿感受西湖的美丽与宁静。

（2）拍一些美丽的照片，回家指给幼儿看，和幼儿一起回顾美丽的西湖。

2. 情感支持。

幼儿和爸爸妈妈一起外出游玩时，不要觉得幼儿小就不和幼儿沟通交流。好的陪伴是爸爸妈妈可以跟随幼儿的视线，发现幼儿的关注点，第一时间给幼儿做些讲解。幼儿会把看到的和听到的结合起来，从而了解语言所代表的含义，所以不要忽略这些游玩中的学习。当然幼儿也会疲劳，要根据幼儿的兴趣和节律来支持幼儿，和幼儿交流。

主题3：有趣的昆虫

下面选取1个游戏活动、1个学习活动和1个家园互动活动进行主题说明。"毛毛虫火车"活动，让幼儿用圆布按照数字大小的顺序粘贴毛毛虫，认识春天里昆虫的不同形态；"小蜜蜂，飞呀飞"活动，让幼儿根据音乐模仿小蜜蜂飞舞的韵律活动；"认识常见昆虫"活动，让家长在日常生活中与幼儿一起认知春天里各种常见的昆虫。

游戏活动

精细动作区：毛毛虫火车

"三心"目标：信心　　　　　　　　　　　　　"三心"细化：自豪

聚焦领域：动作发展、认知发展

★ 材料投放

圆形的不织布（上面标有数字，每个不织布上左边有纽扣，右边是扣眼）。

★ 经验准备

幼儿已在学习活动中了解了毛毛虫的形状。

（安全提示：注意纽扣的牢固性，防止纽扣掉落被幼儿误食。）

★ 活动目标

1. 能用双手把不织布上的纽扣扣起来。
2. 对能用纽扣扣成一条从小到大排列的数字毛毛虫火车感到自豪。

★ 操作方法

1. 将标好数字的圆形不织布按照数字从小到大的顺序排列。

2. 将数字1不织布扣在毛毛虫"头部"后面,依次扣上所有的纽扣。
3. 开动毛毛虫火车。

★ 观察与建议
- 观察幼儿能否用双手把不织布上的纽扣扣起来。
- 观察幼儿能否扣成一条从小到大排列的数字"毛毛虫火车",并对此感到自豪。
- 引导幼儿认识数字,并将数字按顺序正确排列。

学习活动

小蜜蜂,飞呀飞

"三心"目标:好奇心　　　　　　　　　　　　　　"三心"细化:喜悦
聚焦领域:动作发展、情绪和社会性发展

★ 活动目标
1. 对小蜜蜂感到好奇,愿意跟随音乐模仿小蜜蜂的动作。
2. 🌟 能够模仿教师,做出小碎步的动作,感受音乐带来的快乐。 ☀️ 能够模仿小碎步的动作进行表演,感受歌曲带来的欢快情绪。

★ 活动准备
材料:小蜜蜂翅膀若干、小蜜蜂布偶一个、儿歌《小蜜蜂》。
经验:🌟 能够模仿教师的简单动作。 ☀️ 能够跟随音乐摆动身体。

★ 活动过程
1. 出示小蜜蜂布偶,引起幼儿的兴趣。
师:嗡嗡嗡,大家好,你们知道我是谁吗？嗯,我是一只小蜜蜂。你们知道我最喜欢吃什么吗？
师:小蜜蜂非常勤劳,它每天都辛苦地工作,忙着采花蜜,所以我们才能吃到甜甜的蜂蜜。你们喜欢小蜜蜂吗？
师:你们知道小蜜蜂是怎么飞的吗？谁来学一学？
2. 教师发放小蜜蜂的翅膀,幼儿扮演小蜜蜂。
3. 教师示范小碎步,两只小手扇一扇,小脚尖点地,后跟踮起。
🌟 对没有掌握动作要领的幼儿多做指导和示范。
☀️ 引导掌握了小碎步的幼儿模仿飞和采蜜的动作。
4. 教师念儿歌,邀请幼儿和教师一起飞起来。
师:小蜜蜂,嗡嗡嗡,飞在百花中。采花蜜,筑蜂巢,它是神奇的小精灵。
5. 播放音乐,教师和幼儿一起做完整的舞蹈动作。
师:小蜜蜂们,我们一起去采蜜吧。

6. 在音乐舞蹈中,观察并指导幼儿的小碎步,如脚尖有没有踮起来,步子是不是太大了等。
7. 教师与幼儿愉快地在教室里翩翩起舞,直到音乐结束。

★ 观察要点

- 幼儿是否愿意模仿小蜜蜂做动作。
- 幼儿能否模仿教师做出小碎步的动作。
- 幼儿能否模仿小碎步的动作进行表演,感受歌曲带来的快乐。

★ 活动资源

儿歌《小蜜蜂》

小蜜蜂,嗡嗡嗡,
飞在百花中。
采花蜜,筑蜂巢,
它是神奇的小精灵。

家园互动

认识常见昆虫

★ 目标

初步认识蝴蝶、蜜蜂、蚂蚁等昆虫,知道毛毛虫变蝴蝶的故事。

★ 教师与家长的沟通

1. 告知家长幼儿认识昆虫的必要性和好处。
(1) 丰富幼儿的感知,培养幼儿对虫类的兴趣;
(2) 培养幼儿的好奇心和求知欲;
(3) 满足幼儿的探索需要,促进其认知的发展。
2. 解决家长的担忧与顾虑。

蝴蝶、蜜蜂、蚂蚁是幼儿生活中常见的昆虫,这类昆虫因为外表美丽或有独特特点,深受幼儿喜爱。围绕着这类昆虫的故事和绘本也特别多。爸爸妈妈不要担心幼儿是否知道昆虫的特点,更重要的是通过这些与昆虫相关的故事、游戏,激发幼儿对虫类的兴趣和求知欲,进而促进幼儿想象和思维的发展。

★ 家长可以这样做

1. 操作方法。
(1) 回顾奇妙园学习过的《蝴蝶蝴蝶真美丽》《好饿的毛毛虫》等儿歌或绘本,和幼儿一起聊聊毛毛虫变蝴蝶的故事,聊聊自己知道的小虫子。
(2) 利用周末和幼儿到大自然里去看蝴蝶飞舞、看蜜蜂采蜜,观察蚂蚁吃食物,也可以在家里养蚕宝宝,看看能不能变出飞蛾来!

2. 情感支持。

这个阶段的幼儿对各种虫类都很有兴趣。很多幼儿蹲在地上看蚂蚁,一蹲就是十多分钟,所以有时间多带幼儿到郊外去踏青,会遇到各种各样的虫类:蚂蚁、瓢虫、螳螂、蜜蜂。如果看到了就停下来,和幼儿一起看一看、说一说、讲一讲,这样的现场观摩,幼儿非常喜欢。

主题4 美丽的大自然

下面选取1个游戏活动和1个学习活动进行主题说明。"种植大蒜"活动,让幼儿通过观察大蒜变成青蒜的过程来感受自然生长的奥秘,感受春天里万物生长的乐趣;"看看自然的颜色"活动,让幼儿观察和寻找大自然当中的五颜六色,感受大自然的美。

游戏活动

种植饲养区:种植大蒜

"三心"目标:信心　　　　　　　　　　　　　　　"三心"细化:自豪
聚焦领域:认知发展、动作发展

★ **材料投放**

植物类:大蒜等各种植物。
工具类:研磨器、罐子、小勺、施肥记录表、背篓。

★ **经验准备**

初步认识一些植物,如大蒜等。
(安全提示:提醒幼儿研磨时不要将手放入研磨器中。)

★ **活动目标**

1. 能够种植大蒜。
2. 为自己能种大蒜感到骄傲。

★ **操作方法**

1. 教师出示大蒜和青蒜,引导幼儿认识大蒜和青蒜,了解大蒜种下就可以长成青蒜。教师可剥开大蒜,引导幼儿进一步认识大蒜,让幼儿闻一闻、看一看大蒜。
2. 邀请幼儿一起种大蒜:找出大蒜根部,把大蒜的须根朝下,用手按到土里,轻轻地把泥土盖在大蒜上,给大蒜浇水。
3. 幼儿把自己的标志贴纸贴在大蒜盆上,并将种植好的大蒜摆放在种植区。

★ **观察与建议**

● 观察幼儿能否种植大蒜。
● 观察幼儿是否为自己能种大蒜感到骄傲。
● 教师可以拍照记录大蒜的生长情况,并按顺序贴在墙上,帮助幼儿了解大蒜的生长过程。

★ 活动资源

图 4-12 种植大蒜

学习活动

看看自然的颜色

"三心"目标：好奇心　　　　　　　　　　　　　　"三心"细化：兴趣

聚焦领域：感知觉发展、认知发展

★ 活动目标

1. 观察周边的自然环境，对自然中的各种颜色感到好奇。
2. 🌟 对寻找自然中的颜色感兴趣。 🌞 能根据卡片寻找自然中的颜色。

★ 活动准备

材料：4种颜色（蓝色、绿色、黄色、红色）色卡、儿歌《去郊游》、采集筐。

经验：🌟 认识蓝色、绿色、黄色、红色。 🌞 能完成相同颜色事物的匹配。

★ 活动过程

1. 创设情境，用儿歌导入。

师：小朋友们，我们一起去郊游吧！走走走走走，我们小手拉小手……

2. 教师在户外时，引导幼儿观察大自然中所见所闻，提问幼儿，所看到的大自然中的天空（花朵、树木、小草等）是什么颜色的。

3. 教师展示颜色卡片（蓝、绿、红、黄），示范对照色卡在自然中寻找有相应颜色的事物，例如：蓝色的天空、绿色的树木和小草、红色或黄色的花朵。

4. 鼓励幼儿自主寻找出更多事物,观察并试着说一说它们的颜色。

5. 教师将色卡分发给幼儿,请幼儿找一找与手中色卡一样颜色的事物,收集起来。

6. 教师将幼儿收集到的掉落的树叶、花瓣等放置于一块空地处,供幼儿一起观察不同的颜色。

师:大自然是人类的好朋友,我们从大自然中可以发现很多美好的颜色。

7. 教师对幼儿的发现进行总结,并及时鼓励与肯定。

★ 观察要点

● 幼儿能否观察周边的自然环境,对自然中的各种颜色感到好奇。

● 幼儿能否关注到自然中丰富的颜色,并积极寻找。

● 幼儿能否根据卡片寻找自然中的颜色。

四、小小世界

表4-4 "小小世界"主题说明

设计意图	环境创设	领域目标		
		领域	已有经验	预期目标
在奇妙园中,小小的幼儿见到了小小的世界,这个小小的世界就是外面大大的世界的缩影,奇妙园不仅是幼儿踏入社会生活的第一步,也是幼儿认识外面世界的第一站。外面纷繁灿烂的世界里有各种各样好听或者新奇的声音,有绚丽的颜色,有"理性"的数字,也有各式各样的几何图形。幼儿将通过这些发现世界的有趣,学会用小眼睛去观察,用小耳朵去倾听,也尝试用自己稚嫩的思维去感受那数学与几何的美,为将来进入大大的世界种下一颗美好的种子	● 人际环境 大自然中有真正的生命活力,大自然是幼儿最好的老师。教师们要有意识地带幼儿感受周围的大自然,即使受园所的限制,没有太多的户外活动,教师们也可以尽量带幼儿去室外,感受风和雨,看云和天空,摸摸小草和花朵,并引导幼儿用语言去表达自己的所见所感 ● 物理环境 1. 教室里布置风铃等遇风会响动的物品,也可以布置幼儿用手触摸即能发出响声的物品 2. 布置作品展示墙,周边用各种颜色、形状、数字等进行装饰,可将幼儿利用颜料拓印的手印、脚印贴到墙上	感知觉发展	听过常见物品发出的声音	喜欢听不同的物品发出的声音,并尝试辨别不同的声音
		动作发展	喜欢跟随儿歌做律动	能够动作协调地跟随儿歌做模仿操
		情绪和社会性发展	愿意跟同伴在一起	能够与同伴一起合作完成任务
		语言发展	愿意积极回答教师的提问	能够口数1~10,手口一致点数1~5,能够说出常见的几何图形的名称
		认知发展	认识简单数字和简单几何图形	认识数字1~9,理解1个和许多的区别,认识常见的几何图形
		艺术表现发展	有一定的节奏韵律感	尝试用各种物品发出的声音进行歌曲伴奏

主题1：好听的声音

下面选取1个游戏活动、1个学习活动和1个家园互动活动进行主题说明。"沙锤沙沙响"活动,让幼儿用生活中常见的物品制作沙锤,并听一听不同材料发出的不同声音;"小石头来演奏"活动,让幼儿使用小石头敲击物品发出声音,以感受大自然中的声音;"好听的声音"家园互动活动,让家长平日里带领幼儿关注大自然、大社会中的各种声音。

游戏活动

益智区：沙锤沙沙响

"三心"目标：好奇心　　　　　　　　　　　　　　　　　　　"三心"细化：兴趣

聚焦领域：感知觉发展、认知发展

★ **材料投放**

沙锤、空瓶子、沙锤填充物（豆子、小米、沙子等放在碗里）、勺子。

★ **经验准备**

幼儿听过沙锤的声音。

（安全提示：防止幼儿把豆子、小米、沙子等放入嘴中。）

★ **活动目标**

1. 对自己制作沙锤的过程和不同沙锤发出的声音感到好奇。
2. 有兴趣用不同的材料制作沙锤。

★ **操作方法**

1. 摇一摇成品沙锤,听一听沙锤"沙沙"的响声。
2. 用勺子舀豆子,把豆子装入瓶子中。
3. 用勺子舀小米、沙子等材料,把它们也分别装入瓶子中。
4. 拧上瓶盖,摇动瓶子,感受装有不同材料的瓶子（沙锤）发出的不同声音。

★ **观察与建议**

● 观察幼儿是否对自己制作沙锤的过程和不同沙锤发出的声音感到好奇。
● 观察幼儿是否有兴趣用不同的材料制作沙锤。

学习活动

小石头来演奏

"三心"目标：信心　　　　　　　　　　　　　　　　　　　　"三心"细化：自豪

聚焦领域：感知觉发展、艺术表现发展

★ **活动目标**

1. 能够用小石头敲击不同物品,并感受不同的声音。

2. 🌟 用小石头敲击物品发出声音后感到开心。🌞 能够自豪地跟着音乐节奏用小石头进行伴奏。

★ 活动准备

材料：神秘袋，鹅卵石或其他小石头若干，金属饼干盒若干，勺子，玻璃瓶，《两只老虎》伴奏曲。

经验：🌟 玩过小石子。🌞 有基本的音乐节奏韵律感。

（安全提示：避免幼儿用小石头砸他人。）

★ 活动过程

1. 教师拿出神秘袋（里面装若干小石头），摇一摇，请幼儿听声音猜一猜里面是什么。

师：猜一猜，这里面是什么呢？

2. 教师请幼儿伸手摸一摸神秘袋里的小石头，让幼儿确认自己的猜测。

3. 教师拿出两块小石头敲一敲。

师：听，小石头敲起来发出"啪啪"的声音。

4. 教师分发小石头，让幼儿敲一敲。也可以互换小石头敲一敲，听一听用不同石头进行敲击发出的不同声音。

5. 教师拿出金属饼干盒、勺子、玻璃瓶等物品，用小石头敲一敲，发出不同的声音。

（1）教师给幼儿分发物品，让幼儿用小石头敲一敲这些物品，并注意轻轻地敲玻璃瓶，不要敲碎。

（2）教师放《两只老虎》的伴奏曲，请幼儿跟着音乐的节奏用小石头伴奏。

🌟 鼓励幼儿敲不同的物品，并听一听小石头敲不同物品发出的声音。

🌞 鼓励幼儿跟着音乐节奏用小石头伴奏。

师：小石头们演奏累了，要休息了，我们也一起休息一下吧。

★ 观察要点

● 幼儿能否用小石头敲击不同物品，并感受不同的声音。

🌟 幼儿能否在小石头敲击物品发出声音后感到开心。

🌞 幼儿能否自豪地跟着音乐节奏用小石头进行伴奏。

家园互动

好听的声音

★ 目标

幼儿在家里也有机会倾听一些声音，包括自然的、生活的。

★ **教师与家长的沟通**

1. 告知家长让幼儿听声音的必要性和好处。

（1）丰富幼儿的听觉材料，提升幼儿的听觉能力；

（2）发展幼儿对声音的敏感性，辨别不同的声音；

（3）发展幼儿的动手和探索能力，促进幼儿思维的发展。

2. 解决家长的担忧与顾虑。

（1）有些声音特别大或者出现的方式过于突然，会让幼儿害怕。因此，我们主张让幼儿听声音，是发展幼儿听觉的敏感性，但提供的声音不是越多越好，给幼儿听声音前要有恰当的引导，要让幼儿做好聆听的准备。

（2）2~3岁的幼儿因为积累的声音材料还不足够丰富，常常会出现判断错误，这些都是正常的，不要责怪幼儿。可以多听几次，多练习几次，抓住幼儿听觉发展的关键时期，培养幼儿的听觉能力，对幼儿未来音乐、语言的发展都将大有裨益。

★ **家长可以这样做**

1. 操作方法。

（1）外出散步和游玩的时候，可以和幼儿静下来一起玩听一听的游戏，说一说我们能够听到什么声音，如鸟叫声、自行车的声音、流水的声音、风吹过的声音！

（2）可以找一些好听的音乐、动物的叫声、各种汽车的声音，和幼儿玩"猜一猜"的游戏，看看幼儿能不能猜出来。

2. 情感支持。

听觉能力是幼儿发展的一项重要指标，托班阶段也是幼儿听觉发展的关键时期，应多给幼儿听悦耳的音乐，和幼儿一起利用身边的物体按节奏拍出声音，到自然界里听大自然的声音，让幼儿分辨不同音色的声音，这些游戏都能够很好地促进幼儿听觉的发展。不要让幼儿听过于嘈杂的音乐，也不要让幼儿处在噪音太多的环境里。

主题2：颜色的秘密

下面选取1个游戏活动、1个学习活动和1个家园互动活动进行主题说明。"小绿变出来"活动，让幼儿了解两种颜色混合可以变出另一种颜色，感受颜色的秘密；"彩色面团"活动，让幼儿通过揉面团这样的日常活动，感受颜色混合的秘密；"颜色的认知"活动，让家长了解这个年龄段是幼儿颜色认知的关键期，鼓励家长在日常生活中多引导幼儿认识周围事物和发现大自然的颜色。

游戏活动

创意区：小绿变出来

"三心"目标：好奇心　　　　　　　　　　　　　"三心"细化：兴趣

聚焦领域：动作发展、艺术表现发展

★ 材料投放

蓝色颜料、黄色颜料、红色颜料、绿色颜料、毛刷。

★ 经验准备

幼儿看过与颜色相关的绘本。

（安全提示：不要让幼儿把颜料或黏土等吃到嘴里。）

★ 活动目标

1. 对使用毛刷涂抹颜料的动作感到好奇。
2. 对用颜料进行涂抹创作感兴趣。

★ 操作方法

1. 用毛刷蘸取颜料在白纸上涂抹。
2. 自由地利用黄颜料和蓝颜料进行创作。

★ 观察与建议

- 观察幼儿能否用毛刷蘸取颜料进行涂抹。
- 观察幼儿是否有兴趣利用颜料根据绘本内容把小绿变出来。
- 若幼儿使用毛刷蘸取颜料有困难，教师可以适当帮助。

学习活动

彩色面团

"三心"目标：信心　　　　　　　　　　　　　"三心"细化：自豪

聚焦领域：感知觉发展、认知发展

★ 活动目标

1. 能够指认绿色、黄色、红色。
2. ⭐ 能够用手感知和揉捏面粉，尝试制作彩色面团。☀ 能够用手感知和揉捏面粉，独立制作出彩色面团，并感到自豪。

★ 活动准备

材料：面粉、容器、绿色蔬菜汁、黄色南瓜汁、红色火龙果汁。

经验：⭐ 幼儿能够听懂教师的简单指令。☀ 幼儿有接触面粉的经验。

★ **活动过程**

1. 教师拿出绿色的蔬菜汁、黄色的南瓜汁、红色的火龙果汁,吸引幼儿的注意力。

师:小朋友们你们看,这些是什么?它们是什么颜色的啊?

2. 教师拿出面粉,邀请幼儿感知面粉的颜色,摸一摸滑滑的面粉。

3. 教师当着幼儿的面,取出适量面粉放到容器里,然后倒入适量火龙果汁,揉一揉、团一团,捏出一个红色的面团。

师:小朋友们你们看,这是老师做的面团,你们也可以做一个自己喜欢颜色的面团。

4. 教师邀请幼儿拿适量面粉,选择不同的蔬果汁做面团。

🌟 指导幼儿取面粉、选择不同颜色的汁液,帮助他们揉面团。

☀️ 鼓励幼儿独立取面粉、选择汁液或混合汁液,提醒控制水量,自己制作面团。

5. 教师请幼儿把自己揉好的面团展示出来,说一说是什么颜色,用的是什么汁液。

6. 让幼儿把面团送到厨房,请厨师做成彩色的水饺。

★ **观察要点**

● 幼儿能否认知三种不同的颜色。

🌟 幼儿是否愿意操作面粉,用手揉捏面团。

☀️ 幼儿能否独立制作彩色面团,并感到自豪。

家园互动

颜色的认知

★ **目标**

幼儿在家能够继续巩固对颜色的认知,发现更多颜色的秘密。

★ **教师与家长的沟通**

1. 告知家长让幼儿认知颜色的必要性和好处。

(1)促进幼儿对颜色的感知,发展幼儿的视觉能力;

(2)促进幼儿认知的发展;

(3)提供更多涂鸦机会,锻炼幼儿的手部肌肉;

(4)发现更多颜色的秘密,发展幼儿的好奇心。

2. 解决家长的担忧与顾虑。

(1)给这个阶段的幼儿提供彩笔、颜料可能会对保持环境整洁造成很多困扰,但是只要我们给予恰当的引导、固定涂鸦的区域,会发现幼儿可以按要求有秩序地做事情。

(2)幼儿会用手去感知颜料,会把衣服弄脏,这些是幼儿的天性。如果因为害怕幼儿弄脏环境就禁止幼儿接触颜料,实在是得不偿失。

★ **家长可以这样做**

1. 操作方法。

（1）在日常生活中引导幼儿观察周边的颜色，蓝蓝的天空、红色的小花、绿色的大树，或是找一找红色、黄色、绿色和蓝色，巩固对常见颜色的认识。

（2）可以给幼儿提供这四种颜色的颜料和彩笔，让幼儿涂一涂、摸一摸、画一画，一起用颜色表现周围的世界。

2. 情感支持。

从玩颜色、涂颜色、辨别颜色、颜色配对到说出颜色，关于颜色的游戏可以有很多。这个阶段的幼儿处于"动即快乐"的阶段，一定要让幼儿多动手、多操作、多看、多玩，幼儿敏锐的视觉能力、辨色能力、思考能力就是在这样的玩耍中逐渐得到提升的。

主题3：数字宝宝

下面选取1个游戏活动、1个学习活动和1个家园互动活动进行主题说明。"数字宝宝捉迷藏"活动，让幼儿通过捉迷藏游戏来认识数字宝宝；"小手指变变变"活动，让幼儿通过手指谣来玩数字游戏；"生活中的数字宝宝"鼓励家长带幼儿认知生活中的数字，发现生活中物品的数量关系。

游戏活动

益智区：数字宝宝捉迷藏

"三心"目标：好奇心　　　　　　　　　　　　　　　　"三心"细化：兴趣

聚焦领域：认知发展、感知觉发展

★ **材料投放**

1～5的数字卡片，数字模型的铅笔。

★ **经验准备**

幼儿认识数字1～5。

★ **活动目标**

1. 对数字卡片和模型感到好奇。
2. 乐于寻找指定数量的数字卡片或模型。

★ **操作方法**

1. 教师念儿歌，幼儿观察并认知数字模型。
2. 将数字卡片按照1～5的顺序进行摆放。
3. 教师将其中某个数字宝宝藏起来，请幼儿说一说谁藏起来了。

★ **观察与建议**

- 观察幼儿是否对数字卡片和模型感到好奇。
- 观察幼儿是否乐于寻找指定数量的数字卡片或模型,并能观察发现谁藏起来了。
- 引导幼儿正确判断藏起来的数字宝宝。

★ **活动资源**

童谣《数字歌》

1像火箭飞上天,
2像天鹅水中游,
3像花瓣在开放,
4像船帆在漂流,
5像狗熊在敲鼓。

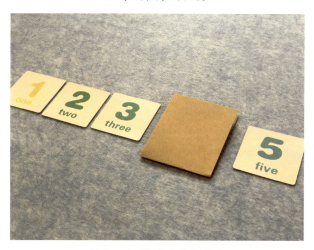

图 4-13 数字宝宝捉迷藏

学习活动

小手指变变变

"三心"目标:好奇心　　　　　　　　　　　　　　"三心"细化:喜悦

聚焦领域:语言发展、动作发展

★ **活动目标**

1. 想要念儿歌,学做手指操。
2. 🌟 乐意感知儿歌内容,学做手指操。 🌞 对边念儿歌边做手指操感到开心。

★ **活动准备**

材料:儿歌《小手指变变变》。

经验:🌟 简单理解儿歌内容,知道火车、叉子、望远镜等。 🌞 能用手指表示数字。

★ **活动过程**

1. 问题导入,引起幼儿兴趣。

师:这是几根手指?(教师伸出一根手指。)

2. 教师边念儿歌边做手指操,引导幼儿理解儿歌内容。

师:一根手指变成了什么呀?依次询问二至五根手指。

3. 教师示范,引导幼儿学念儿歌。

🌟 引导幼儿说出数字和物品名称。

☀️ 鼓励幼儿完整说出儿歌内容。

4. 教师示范,引导幼儿边念儿歌边做动作。

🌟 用手指表示数字 1、2、3、4、5。

☀️ 用手指表示数字 1、2、3、4、5 和对应物品的特征。

5. 教师和幼儿一起边念儿歌边做动作,鼓励幼儿自己创编动作。

★ **观察要点**

● 幼儿是否愿意念儿歌,点数 1~3。

🌟 幼儿是否乐意感知儿歌内容,学念儿歌。

☀️ 幼儿是否对边念儿歌边做动作感到开心。

★ **活动资源**

童谣《小手指变变变》

一根手指变变变,

火车轰隆隆;

两根手指变变变,

巨人长腿向前冲;

三根手指变变变,

叉子吃饭用;

四根手指变变变,

房子大屋顶;

五根手指变变变,

望远镜看星星。

家园互动

生活中的数字宝宝

★ **目标**

幼儿善于发现生活中的数字,对数字感兴趣。

★ **教师与家长的沟通**

1. 告知家长让幼儿在生活中了解数字的必要性和好处。

(1) 培养幼儿观察和发现的能力；

(2) 促进幼儿感知和思维的发展；

(3) 发展幼儿对数字的敏感性；

(4) 提高幼儿的自我效能感。

2. 解决家长的担忧与顾虑。

(1) 家长觉得教会了幼儿从 1 数到 10，幼儿就应该能数数。其实，并非如此，会唱数和手口一致点数之间还有很长的一段距离。

(2) 这个阶段的幼儿已能初步感知数与量，但还不能很好地了解数与量之间的关系。由于受思维水平的限制，幼儿的思维必须与动作联系在一起，因此家长在生活中可以借助实物帮助幼儿点数，让幼儿逐渐学会数数，理解数的含义。

★ **家长可以这样做**

1. 操作方法。

(1) 认知和发现生活中的数字，和幼儿一起寻找数字、念出数字，念出电话号码，念出汽车车牌号，念出楼层号码。

(2) 练习唱数和数数，数数几个手指头，数数汽车有几个轮子，数数苹果有几个等，在生活中自然而然地认识数字，了解数字。

2. 情感支持。

2~3 岁幼儿数概念能力的提升就在于对数字的感知。只有经常接触数字、熟悉数字，才能数数字、理解数字，才能有效地进行手口一致的点数，才能理解数和量的关系。幼儿对数概念的理解不是一蹴而就的，家长不要过于着急，而是要相信水到渠成，自然而然。数学在生活中无处不在，幼儿的学习也无处不在，和幼儿一起寻找生活中的数字标志，和幼儿一起念数字、数数字，很快就会发现幼儿对数的敏感性越来越强。家长需要做的是激发起幼儿对数字的兴趣。

主题 4：形状宝宝

下面选取 1 个游戏活动、1 个学习活动和 1 个家园互动活动进行主题说明。"形状宝宝找朋友"活动，让幼儿通过益智游戏来认识形状；"三明治"活动，让幼儿通过做三明治来认识各种不同形状的食物；"生活中的形状"活动，鼓励家长带幼儿去认识生活中的各种形状。

> 游戏活动

益智区：形状宝宝找朋友

"三心"目标：善心　　　　　　　　　　　　　　　　　"三心"细化：责任

聚焦领域：认知发展、情绪和社会性发展

★ 材料投放

圆形、三角形、正方形、长方形等卡片（大小、颜色不同）。

★ 经验准备

初步观察过不同的形状。

（安全提示：注意胶带的平滑，避免幼儿被绊倒。）

★ 活动目标

1. 愿意帮助形状宝宝找到相同形状的朋友。
2. 能承担帮助三角形、圆形、正方形、长方形等形状宝宝找朋友的任务。

★ 操作方法

1. 和同伴一人负责一个形状宝宝，从大小、颜色不同的形状宝宝里找到相同的形状宝宝，比一比谁找得又快又准。
2. 帮助不同的形状宝宝找朋友。

★ 观察与建议

● 观察幼儿是否愿意帮助形状宝宝找到相同形状的朋友。
● 观察幼儿能否承担帮助三角形、圆形、正方形、长方形等形状宝宝找朋友的任务。
● 随着幼儿对基本形状的掌握，可以投入更多种类的图片，让幼儿进行分类，如长方形手机、圆形瓶盖的图片等。

★ 活动资源

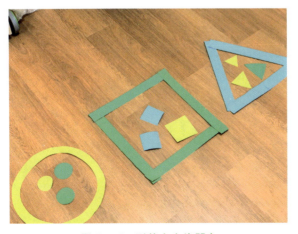

图4-14　形状宝宝找朋友

学习活动

三 明 治

"三心"目标：信心　　　　　　　　　　　　　　　　　　　　　"三心"细化：自豪

聚焦领域：语言发展、情绪和社会性发展

★ **活动目标**

1. 能和同伴一起制作三明治。

2. 🌟 能够指认三明治的食材和形状。☀ 为说出三明治的食材和形状而感到自豪。

★ **活动准备**

材料：制作三明治的食材（番茄、黄瓜、火腿、生菜、沙拉酱、吐司等）、小砧板、吐司刀。

经验：🌟 吃过三明治。☀ 认识吐司片、火腿片、黄瓜片和番茄片等食材。

★ **活动过程**

1. 教师出示三明治，引导幼儿观察三明治的外形特征。

师：这是什么呀？你们喜欢吃吗？它是什么形状的？（三角形）

2. 幼儿观察并说说制作三明治所需的材料，教师引导幼儿观察吐司片、火腿片、黄瓜片和番茄片等食材的形状。

🌟 能够指认三明治的食材形状。

☀ 能够说说三明治的食材形状。

师小结：吐司片是方形的，火腿也是方形的，番茄是圆形的，三明治是三角形的。

3. 教师示范制作三明治，将食材一层层叠加铺在吐司上面，再取一片吐司盖在最上面一层，最后，用吐司刀对角切成两个三明治。引导幼儿观察三明治是如何变成三角形的。

4. 幼儿选择自己喜欢的食材制作三明治，教师观察指导。请幼儿介绍自己的三明治，如用了哪些食材、食材的形状、三明治的形状等。

🌟 能在教师引导下大胆指认食材。

☀ 大胆说出自己用的食材种类和形状。

5. 制作完成后，与教师和同伴分享美食。

★ **观察要点**

● 幼儿能否和同伴一起制作三明治。

🌟 幼儿能否指认三明治的食材和形状。

☀ 幼儿是否为说出三明治的食材和形状而感到自豪。

家园互动

生活中的形状

★ 目标

幼儿能够发现生活中的圆形、三角形、方形,对不同的形状有兴趣。

★ 教师与家长的沟通

1. 告知家长幼儿了解生活中的形状的必要性和好处。

(1) 培养幼儿的观察能力,提高感官敏感性;

(2) 认知各种形状,丰富幼儿的形象思维;

(3) 激发探索形状的兴趣,促进认知的发展;

(4) 发展幼儿的好奇心和求知欲。

2. 解决家长的担忧与顾虑。

形状的认知和学习离不开幼儿对空间的感知与理解,所以幼儿对形状的认识不是一蹴而就的。认识圆形,需要多次接触圆形的感官材料之后,慢慢归纳、抽象,才能把圆形从皮球的具体形象上脱离出来,理解圆形这个概念。所以,对于2~3岁的幼儿,家长要允许幼儿反复观察,给幼儿提供大量形状实物,不要急于求成。

★ 家长可以这样做

1. 操作方法。

(1) 有意识地为幼儿提供形状类实物,如圆圆的皮球、圆圆的车轮、圆圆的西瓜、方形的饼干等,并告诉幼儿这是圆圆的,这是方方的,这是三角形的。

(2) 和幼儿外出游玩和散步的时候,看到相关形状的事物,也可以指给幼儿看一看,说一说。例如:看天上的月亮,圆圆的;那有个气球,也是圆圆的;等等。

2. 情感支持。

幼儿从能够认知形状、进行形状匹配,到认知形状的名称、指认不同的形状,再到识别形状的大小是一个渐进的过程,形状的认知发展反映了幼儿空间概念的认知和发展,这受到幼儿年龄和大脑发展的制约,所以家长只需要去丰富幼儿的感性材料,扩展幼儿的兴趣就可以了。这个年龄段的幼儿在潜移默化中获得的东西胜过我们教给他们的。

五、欢乐的夏天

表 4-5 "欢乐的夏天"主题说明

设计意图	环境创设	领域目标		
		领域	已有经验	预期目标
夏天是透亮的，是蓝色的，是充满生机和欢乐的季节。夏天里，幼儿穿得少、跑得快，可以玩水、吃冰棍，这是他们欢乐的季节。在这个夏天里，幼儿将学会包粽子、划龙舟，过一个不一样的端午节，还能自己制作和其他人不一样的小船儿，能一起品尝西瓜，尝试自己做冰棒，在雨天里听一听雷声和雨点的声音，夏天原来是这么好玩儿的	● 人际环境 夏天有专属于这个季节的游戏，教师需要鼓励幼儿玩沙、水、冰块等，鼓励幼儿观察夏季的花草树木和知了等虫子。这个季节室内外冷热交替，环境湿热，幼儿容易生病，要多注意给幼儿补充水分并注意清洁卫生。 ● 物理环境 1. 布置端午节元素：五常龙舟胜会海报、端午节的粽子海报，在区角投放端午节香包、彩绳等材料，布置端午手工类展示墙等 2. 布置作品展示墙，可将幼儿利用颜料、橡皮泥、贴纸做成的雨滴、船只贴到墙上。每个区角也可以加一些墙饰 3. 投放和夏天相关的书籍、装饰材料等	感知觉发展	喜欢闻香味，喜欢触摸各种物品	喜欢闻各种香包的味道，愿意感受不同雨滴滴在手上的感觉
		动作发展	包过糖果	尝试包粽子
		情绪和社会性发展	喜欢和同伴在一起	能够对同伴表达善意
		语言发展	能说出常见物品的名称	能够用简单的形容词形容物品
		认知发展	知道夏天很热	知道夏天的主要特征
		艺术表现发展	有拓印、涂鸦和手工制作的经验	尝试手工制作、装饰一些中国传统物品，比如香包、扇面等

主题1：端午节

下面选取1个游戏活动、1个学习活动和1个家园互动活动进行主题说明。"编制五彩绳"活动，让幼儿感受传统的端午节民俗手工活动；"端午节"活动，让幼儿通过童谣了解端午节的各种习俗；"过端午"家园互动活动，让幼儿在家庭中感受真实的传统端午节。

游戏活动

创意区：编制五彩绳

"三心"目标：好奇心　　　　　　　　　　　　　　　　　　"三心"细化：喜悦
聚焦领域：动作发展、艺术表现发展

★ 环境创设

端午节主题海报、端午主题装饰。

★ 材料投放

投放各种彩绳(已剪成合适的长短)、各种皱纹纸、毛根、各种编制好的彩绳。

★ 经验准备

幼儿学习了拧彩绳的课程。

★ 活动目标

1. 对各种颜色的彩绳材料感兴趣。
2. 乐于尝试用不同的彩绳进行系、编、拧的练习。

★ 操作方法

1. 用手指把不同的彩绳拧在一起。
2. 尝试运用不同颜色的彩绳编制手链。

★ 观察与建议

- 观察幼儿是否对各种颜色的彩绳材料感兴趣。
- 观察幼儿是否乐于尝试用拧、编、系等动作练习做五彩绳。
- 对于不会的幼儿,教师可以适当帮助。

★ 活动资源

图 4-15　五彩绳制作材料

学习活动

端 午 节

"三心"目标：好奇心　　　　　　　　　　　　　　　　　"三心"细化：喜悦

聚焦领域：语言发展、认知发展

★ **活动目标**

1. 了解端午节是一个传统节日，对端午节充满好奇。

2. ⭐能够跟读《端午节》童谣，感受童谣带来的快乐。☀能够学会念《端午节》童谣，并体验到童谣带来的快乐。

★ **活动准备**

环境：用端午节主题海报布置教室，区角中投放大量端午节相关材料。

材料：童谣《端午节》。

经验：⭐幼儿能够听懂教师的简单指令。☀幼儿有学习童谣的经验。

★ **活动过程**

1. 教师请幼儿环顾教室环境，看看有什么新变化、新材料。

师：小朋友们，请你们看看我们的教室有什么变化，多了什么东西？

2. 教师领着幼儿参观教室，找一找新出现的材料。

师：哦，这里新加了一些图片，你见过吗？这些是香囊，你见过吗？这些图片是粽子，你吃过吗？哇，这里还有个龙舟，你坐过吗？

3. 通过参观发现的新材料、新图片，引出端午节。

师：我们的教室里发生了很大变化，因为这周我们很快会迎来一个节日——端午节。每年农历五月初五是端午节，我们都会做些什么事情呢？听一听这个童谣，你就知道了。

4. 教师播放音乐，唱给幼儿听："五月五，太阳照，大力士，赛龙舟。赛龙舟，吃粽子，大鱼小鱼水里游。"

5. 教师讲解端午节的习俗，如赛龙舟、吃粽子等。

6. 教师引导幼儿一起跟念童谣并做动作："赛龙舟（划船的样子），吃粽子（吃的动作），大鱼小鱼水里游（摇头摆尾的动作）。"

⭐对于不太会说话的幼儿，引导其跟着做动作。

☀鼓励幼儿大胆说出童谣，并独立做动作。

7. 小结：端午节，原来有这么多的事情可以做啊！小朋友们回家后记得把这首童谣表演给爸爸妈妈看哦！

★ **观察要点**

● 幼儿是否对教室的新变化充满好奇。
★ 幼儿能否跟着教师做动作。
★ 幼儿能否唱出童谣,感受喜悦。

★ **活动资源**

童谣《端午节》

五月五,太阳照,
大力士,赛龙舟。
赛龙舟,吃粽子,
大鱼小鱼水里游。

家园互动

过 端 午

★ **目标**

幼儿知道端午节,并感受端午节的氛围。

★ **教师与家长的沟通**

1. 告知家长让幼儿感受端午节的必要性和好处。
（1）体验和感受节日的气氛,愉悦幼儿的身心;
（2）了解端午习俗,感受传统的节日文化;
（3）发展幼儿的社会认知,促进幼儿社会意识的发展;
（4）增强关怀自我和关怀环境的能力。
2. 解决家长的担忧与顾虑。

让幼儿加入端午节的准备当中,也许会带来一些麻烦,但是养育幼儿的过程不应怕麻烦,每个麻烦其实是幼儿快速成长的机会。让幼儿参与家庭里包粽子、做香包的活动,大人和幼儿一起为节日忙碌的过程,将是幼儿最美好的家的记忆。

★ **家长可以这样做**

1. 操作方法。
（1）家庭里筹备端午节,邀请幼儿加入进来,一起去超市买东西、做粽子、煮鸡蛋,让幼儿参与这些环节,感受一家人过节的氛围。
（2）和幼儿一起看龙舟比赛,给幼儿讲述端午节的故事,给幼儿戴上五彩绳,家里挂上艾袋,一起感受节日的氛围。
2. 情感支持。

对于 2~3 岁的幼儿来说，端午节的一切都是有趣的、好玩的，他们对大人的世界充满好奇，他们渴望参与大人的活动，和大人一样做事情，这样会让他们获得对自身的掌控感和信心，他们会感觉到被接纳和认可。所以爸爸妈妈不要觉得做家务的时候幼儿是累赘，要相信，幼儿很快会变成得力的家务小助手。

主题2：神奇的船

下面选取1个游戏活动、1个学习活动和1个家园互动活动进行主题说明。"橡皮泥船"活动，让幼儿手工制作一只船，感受江南船舶的文化；"帆船动起来"，通过制作帆船玩水的活动，既体现了夏天的特色，又能认知科学常识；"各种各样的船"家园互动活动，家长可以借助地理位置优势，带幼儿观察西湖、西溪湿地、钱塘江上各种各样的船。

游戏活动

创意区：橡皮泥船

"三心"目标：信心　　　　　　　　　　　　　　　　　"三心"细化：乐观

聚焦领域：动作发展、艺术表现发展

★ **材料投放**

各色橡皮泥、各种船的模具。

（安全提示：不要让幼儿把橡皮泥吃到嘴里。）

★ **活动目标**

1. 对使用橡皮泥做轮船有信心。
2. 乐于尝试用模具制作轮船。

★ **操作方法**

1. 用模具和橡皮泥制作轮船。
2. 可以尝试用不同颜色的橡皮泥制作轮船。

★ **观察与建议**

- 观察幼儿能否使用模具。
- 观察幼儿是否乐于尝试用不同颜色的橡皮泥进行创作。
- 对于把橡皮泥放进模具取不出来的幼儿，教师可以适当帮助。

学习活动

帆船动起来

"三心"目标：信心　　　　　　　　　　　　　　　　"三心"细化：毅力

聚焦领域：动作发展、认知发展

★ 活动目标

1. 对让帆船动起来有信心。
2. 🌟 能够模仿教师的动作让帆船动起来。☀️ 能够坚持尝试多种方法让帆船动起来。

★ 活动准备

材料：盆、自制的小帆船（牙签、吸管、小三角纸片做的帆、泡沫块组合而成）、扇子。

经验：🌟 幼儿对船有兴趣。☀️ 幼儿对帆船有一定认知。

★ 活动过程

1. 教师出示自制的帆船，吸引幼儿的兴趣。

师：小朋友们，看，这是什么船？你们认识吗？

师：这是帆船，需要靠风力才能在海里航行。

2. 教师拿出大盆，里面放满水，把小帆船放到水里。

师：看看这个小船，想一想，如何才能让这些小帆船动起来呢？

3. 教师邀请幼儿尝试让帆船动起来。

🌟 鼓励幼儿观察其他幼儿是如何让帆船动起来的。

☀️ 鼓励幼儿大胆想办法。

4. 教师问幼儿如果不用手推帆船，可以有什么办法？

5. 教师引导幼儿用扇子扇、用嘴吹、用吸管吹等方法。

🌟 鼓励幼儿试一试让帆船动起来。

☀️ 鼓励幼儿尝试用多种方法使帆船向前移动并探究风的大小和帆船移动速度的关系。

6. 教师把幼儿分成两人一组，用吹的方式，比一比谁的帆船最快到达终点。

7. 小结：帆船需要借助风的力量向前行驶，没有风的帮助行驶起来会比较困难。

★ 观察要点

● 幼儿是否对让帆船动起来有信心。

🌟 幼儿是否能够模仿教师的动作让帆船动起来。

● 幼儿是否能够坚持尝试多种方法让帆船动起来。

★ 活动资源

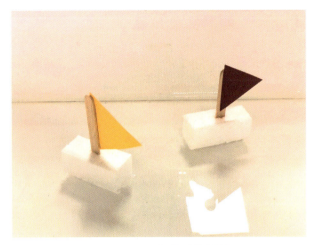

图4-16 帆船的制作材料

家园互动

各种各样的船

★ 目标

幼儿能够有机会观察船,认识各种各样的船。

★ 教师与家长的沟通

1. 告知家长关于幼儿了解和认知船的必要性及好处。

（1）增强幼儿的认知,扩展幼儿的视野；

（2）锻炼幼儿的观察能力和思考能力；

（3）培养幼儿的好奇心和求知欲。

2. 解决家长的担忧与顾虑。

（1）作为一种交通工具,船和汽车、飞机一样都对幼儿具有无穷的吸引力。幼儿虽然并不一定能够记住各种船的名字,但是给幼儿提供更多船的感官材料,让幼儿有机会接近船、体验船,能够有效激发幼儿的好奇心和求知欲。无论是实物的船,还是图片上的船,都会为幼儿的想象插上飞翔的翅膀。

（2）若告诉了幼儿船的名称,幼儿记不住也不要紧,这个阶段幼儿的学习不在于记住什么,而在于体验了什么。

★ 家长可以这样做

1. 操作方法。

（1）带幼儿到湖边看船,指着摇橹船、游艇、手划船给幼儿看,也可以带幼儿坐船体验一下,感受小船徐徐前行。

(2) 给幼儿阅读关于船的绘本,看一些船的图片,还可以给幼儿做折纸小船,让幼儿把船放到盆里玩。

2. 情感支持。

爸爸妈妈可以带幼儿看船、坐船、折叠小船,用积木搭建小船,巩固在奇妙园学到的本领,这些活动既能加深幼儿对船的认知,又能锻炼幼儿的动手能力,还有利于亲子之间的情感交流。

主题3:欢乐的夏天

下面选取1个游戏活动、1个学习活动和1个家园互动活动进行主题说明。"清凉折扇"活动,让幼儿通过简单的手工制作感知夏天特色的用品;"拓印变西瓜"活动,是非常有夏天特色的活动,西瓜也是幼儿愿意去表现的夏天物品;"有趣的夏天"家园互动活动,让幼儿在家庭中感受夏天的季节特征。

游戏活动

创意区:清凉折扇

"三心"目标:信心　　　　　　　　　　　　　　　　　　"三心"细化:乐观
聚焦领域:动作发展、艺术表现发展

★ **材料投放**

彩色卡纸、胶棒、白色卡纸、白色纸盘、彩笔。

★ **经验准备**

幼儿有使用胶棒的经验,有观察冷饮或去冷饮店的经验。

★ **活动目标**

1. 对制作折扇有信心。
2. 能够积极地用彩笔给折扇涂出美丽图案。

★ **操作方法**

1. 能够用彩笔在白纸上画出各种图案。
2. 把白纸折叠做成折扇。

★ **观察与建议**

- 观察幼儿能否用彩笔涂鸦。
- 观察幼儿能否把纸张进行多次折叠并用胶棒粘贴。
- 对于折叠和粘贴有困难的幼儿,教师要适当帮助。

★ 活动资源

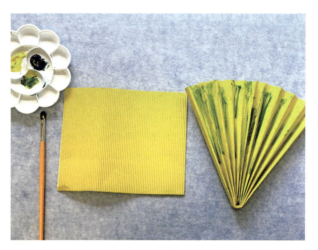

图 4-17 折扇的制作材料

学习活动

拓印变西瓜

"三心"目标：好奇心　　　　　　　　　　　　　　　　　"三心"细化：兴趣
聚焦领域：动作发展、艺术表现

★ 活动目标

1. 对用土豆拓印西瓜充满好奇。

2. 🌟乐于模仿拓印的动作，并尝试画出西瓜。🌞乐于学习拓印并画出整块和半块西瓜。

★ 活动准备

材料：绘画用的小围裙、一个小西瓜、土豆做的圆形和半圆形图案（也可用其他蔬菜材料代替）、红色颜料、绿色颜料、黑色颜料、棉棒、大一些的绘画纸（推荐 A3 纸）。

经验：🌟幼儿有吃西瓜的经验。🌞幼儿有观察西瓜和吃西瓜的经验。

★ 活动过程

1. 教师出示一个西瓜，吸引幼儿的注意。

师：小朋友，这是什么？哈哈，是圆圆的大西瓜，它的皮是什么颜色的？（绿色）现在老师一刀切下去，里面是什么样子的？（是红色的）瓜瓤里面还有些什么？（黑黑的瓜子）哇，西瓜看起来就很甜，我让一位老师把西瓜拿走，给大家切好。我们在这里画一个大西瓜，然后再一起吃西瓜，好吧？

师：老师想用土豆和小朋友们一起变个魔术,就是在白纸上变出一个大西瓜,你们愿不愿意?

2. 教师用一个圆形土豆蘸取绿色颜料,印在白纸上,然后再画上西瓜茎。哇,一个西瓜做出来了。

3. 教师用一个半圆的土豆,蘸取红色颜料,在白纸上印一个红色的半圆。然后用棉棒蘸取绿色颜料,顺着红色弧线部分描一圈。最后用另一支棉棒蘸取黑色颜料点上西瓜籽。

师：小朋友们看,一个被切开的西瓜变出来了! 你们会变吗?

4. 教师给幼儿发放颜料、纸张、棉签,引导幼儿进行创作。

⭐ 教师帮忙画好西瓜皮,让幼儿用棉棒蘸颜料点西瓜籽。

☀ 鼓励幼儿独立完成创作。

5. 教师邀请幼儿介绍自己的作品。

6. 幼儿把完成的作品晾干,一起贴到夏天的展示栏上。

★ 观察要点

- 幼儿是否对拓印活动感兴趣。

⭐ 幼儿是否模仿教师的动作尝试拓印画。

☀ 幼儿能否独立拓印并完成半块西瓜。

家园互动

有趣的夏天

★ 目标

幼儿能够感受夏天的热,也能够找到夏天的乐趣。

★ 教师与家长的沟通

1. 告知家长让幼儿认知夏天的必要性和好处。

(1) 促进幼儿感知觉的发展;

(2) 发展幼儿的观察能力;

(3) 了解夏天的动植物,增强认知能力。

2. 解决家长的担忧与顾虑。

炎热的夏天,幼儿如果吵闹会更令人心烦,有时候幼儿会很长时间蹲在地上看蚂蚁;有时候很热的天,幼儿却要出去玩。这时候家长不要过于跟幼儿对峙,可以带好防晒用品和遮阳工具陪幼儿一起出去。当幼儿自己感到热并难受的时候,家长再提出一些室内游戏的选择,幼儿会比较容易接受。夏天外出最好备着防蚊工具、遮阳工具和水。

★ **家长可以这样做**

1. 操作方法。

（1）和幼儿一起观察夏天人们穿的衣服、找找夏天的小动物、听一听蝉鸣的声音，感受汗水流下来的感觉。

（2）和幼儿一起回顾奇妙园里学到的夏天的儿歌：

夏天到，太阳照，
知了热得吱吱叫。
吱吱吱吱叫。
夏天到，西瓜甜，
小小青蛙呱呱跳。
呱呱呱呱跳。

2. 情感支持。

炎热的夏天容易让人心情烦躁，但是夏天也有好玩和有趣的事情，晚上拿着手电筒找找知了、听听蝉鸣的声音，一起去游泳池游泳，在家里玩玩水、玩玩水枪，这些好玩的游戏幼儿非常喜欢，大人也可以趁机找找童年。最好的教育就是陪伴，下班之后带上孩子一起追溯童年，也是另一种幸福。

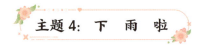

主题4：下 雨 啦

下面选取1个游戏活动、1个学习活动和1个家园互动活动进行主题说明。夏天的雨水是很充沛的，在这个季节中，幼儿可以跟雨滴进行亲密接触。"我的雨滴宝宝"活动，让幼儿用有趣的方式制作雨滴，感受雨滴的形状；"大雨小雨"活动，让幼儿用儿歌的不同节奏来表现雨滴的大小；"雨中漫步"家园互动活动，鼓励家长带着幼儿去雨中感受雨、认知雨。

游戏活动

创意区：我的雨滴宝宝

"三心"目标：信心　　　　　　　　　　　　　　　"三心"细化：乐观

聚焦领域：动作发展、艺术表现发展

★ **材料投放**

各色橡皮泥、云彩模具、小雨滴模具。

★ **经验准备**

幼儿学习过绘本《下雨了》，有使用橡皮泥的经验。

（安全提示：不要让幼儿把橡皮泥吃到嘴里。）

★ 活动目标
1. 对使用橡皮泥做雨滴宝宝有信心。
2. 乐于尝试用模具制作云彩和雨滴宝宝。

★ 操作方法
1. 用模具和橡皮泥制作云彩和雨滴宝宝。
2. 幼儿可以尝试用各种颜色的橡皮泥揉捏雨滴宝宝。

★ 观察与建议
● 观察幼儿能否使用模具。
● 观察幼儿是否乐于尝试用不同颜色的橡皮泥进行创作。
● 对于不能自己用手揉捏雨滴宝宝的幼儿,教师可以适当帮助。

★ 活动资源

图 4－18 橡皮泥制作的雨滴

学习活动

大 雨 小 雨

"三心"目标:好奇心　　　　　　　　　　　　"三心"细化:喜悦
聚焦领域:语言发展、艺术表现发展

★ 活动目标
1. 对学习儿歌及其内容感兴趣。
2. 🌟 能够跟唱儿歌中的部分词汇并模仿做动作,感受儿歌带来的快乐。☀️ 能够跟唱儿歌,并能快乐、主动地做动作,感受儿歌带来的快乐。

★ **活动准备**

材料：儿歌《大雨小雨》、下大雨和下小雨的音频。

经验：🌟 幼儿对儿歌有兴趣。 ☀️ 幼儿对雨有认知经验。

★ **活动过程**

1. 教师播放下大雨和下小雨的音频，吸引幼儿的注意力。

师：小朋友们，你们听，这是什么声音？是的，下雨啦，你能说说哪个是下大雨声音，哪个是下小雨声音吗？今天老师给你们带来了一首好听的儿歌，你们听一听，大雨声音和小雨声音有什么不一样？

2. 教师播放儿歌音频，并通过提问帮助幼儿了解儿歌内容。

师：下大雨的时候是什么声音？（哗啦啦）可以怎样用动作表示下很大的雨呢？（教师做出双手抖动、摇摆幅度很大的动作）下小雨的时候是什么声音？（沙沙沙）可以怎样用动作表示？（教师双手做出平稳向下的动作）

🌟 对语言能力弱的幼儿多鼓励，单独做示范。

☀️ 鼓励语言能力强的幼儿说出拟声词，并能跟随做动作。

3. 教师播放儿歌，和幼儿一起跟随儿歌做律动。

🌟 鼓励幼儿做动作，多做示范。

☀️ 引导幼儿跟唱儿歌，并能跟随音乐做动作。（可以多次重复播放儿歌）

4. 小结：小朋友们，大雨小雨的儿歌好听吗？如果大家喜欢，老师会在表演区放音乐，大家可以跟随音乐自己玩。

★ **观察要点**

● 幼儿是否对儿歌《大雨小雨》感兴趣。

🌟 幼儿是否愿意模仿做动作。

☀️ 幼儿是否开心地跟唱儿歌、做动作。

★ **活动资源**

儿歌《大雨小雨》

大雨哗啦啦，

小雨沙沙沙，

哗啦啦，沙沙沙，

太阳画出彩虹桥，

赤橙黄绿青蓝紫。

> 家园互动

雨中漫步

★ **目标**

幼儿有机会感受雨、认知雨,享受雨带来的快乐。

★ **教师与家长的沟通**

1. 告知家长让幼儿感知雨的必要性和好处。
(1)促进幼儿感知觉的发展;
(2)发展幼儿的观察能力;
(3)提高幼儿感觉的敏锐性,促进思维的发展;
(4)加强和大自然的连接,享受大自然带来的快乐。
2. 解决家长的担忧与顾虑。

下雨天在外面走路会不会感冒,会不会弄脏衣服?如果爸爸妈妈总是在想着这些事情,幼儿就失去了太多探索和感知的机会。只要措施得当,降雨量适宜,带幼儿雨中散步一般不会有问题。爸爸妈妈还可以带幼儿一起回忆自己小时候的一些下雨天的趣事。所以带好雨具,陪幼儿感受雨、了解雨,也是一件很惬意的事情。

★ **家长可以这样做**

1. 操作方法。

(1)下雨天,选择雨量合适的时候,让幼儿带好雨具,穿上雨靴,如果乐意甚至可以穿上凉鞋,直接用脚丫去感受雨。可以用手接点雨滴,踩一踩地上的泥坑,听一听雨点落下来的声音,呼吸一下雨后的新鲜空气,和幼儿一起念"大雨哗啦啦,小雨沙沙沙"的儿歌。

(2)跟幼儿一起回顾和雨有关的绘本《雨娃娃交朋友》《下雨啦》,让幼儿知道关于雨的更多故事。

2. 情感支持。

雨作为一种自然现象,应该被这个阶段的幼儿熟悉和了解。小雨的时候什么样,大雨的时候什么样,幼儿可以去看雨、听雨、接雨、画雨。雨让禾苗生长,让大地得到灌溉,雨滋养着万物,幼儿只有先有了观察和感知,才能对雨有更多的好奇和追问,才能对大自然充满兴趣,求知欲和好奇心才能得到有效的发展。

第二节 人文资源主题

"三心"课程以"大社会"为核心,以幼儿为主体,选取幼儿各级环境系统的重要元素,根据幼儿从"入园适应""在园成长"和"离园告别"的时间序列安排,选取"我""家""奇妙园""节日"等对这个年龄的幼儿影响较大的人文环境因素,将"三心"课程的"人文环境"划分为五个二级主题,分别是"我爱奇妙园""我和我的家""团圆年""能干的我""再见,奇妙园"。每个二级主题下面又按照一个月四周划分为四个三级主题(图4-19)。

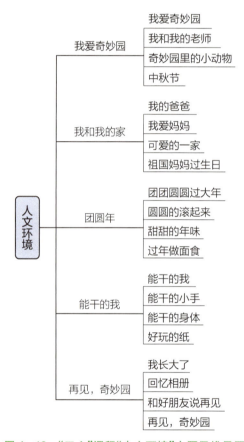

图4-19 "三心"课程"人文环境"主题思维导图

每个三级主题下设置了"游戏活动",也就是个别化活动,作为集体教学活动的补充。围绕每个三级主题设置2~3个游戏区角,既是集体教学活动的延伸,也满足了幼儿的不同兴趣和需要。在三级主题下也设置了"学习活动",也就是集体教学活动,在课程游戏化的背景下,"三心"课程的学习活动是以游戏形式有目的、有计划地引导幼儿有效学习的。幼儿在托育机构当中学习到的内容,需要让家长知悉,并在家庭当中得到延伸,以巩固学习成果,所以在三级主题下,还设置了"家园互动",让家长了解如何在家庭生活中共同协助幼儿学习和成长。三种类型的活动在同一主题下相互配合、相辅相成。

一、我爱奇妙园

表 4-6 "我爱奇妙园"主题说明

设计意图	环境创设	领域目标		
		领域	已有经验	预期目标
初次踏入奇妙园，奇妙园是什么样子的呢？奇妙园里有什么呢？奇妙园里有谁呢？幼儿对陌生环境有很多担忧，但是又充满着好奇。他们需要慢慢地认识奇妙园，慢慢地熟悉奇妙园里的环境，渐渐接受并熟悉奇妙园中的教师们。在奇妙园，他们将接触到可爱的小动物们，体验在集体生活中过中秋节，感受中秋节的元素和温馨的气氛。奇妙园里充满着爱的环境、温暖的教师、规律的生活、有趣的游戏，会让幼儿渐渐学会接纳陌生又新奇的集体生活	● 人际环境 　　幼儿初入园，离开了父母和熟悉的家庭环境，进入陌生的园所，接触到陌生的教师和同学们，会有强烈的分离焦虑感和对陌生环境的恐惧感，所以教师需要在入园初期帮助幼儿建立起对园所环境的安全感 　　教师要营造温暖有爱的人际环境，可以通过爱的表达，通过打招呼、抱一抱、小游戏、童谣儿歌等，增加幼儿和教师的肢体接触，慢慢建立幼儿对教师的信任感，慢慢放下对周围环境和人的戒备心理 ● 物理环境 　　1. 温馨的"家"：布置一个温馨、柔和，如同"家"一样的角落，让幼儿感受到安全熟悉的环境，可利用小块地毯、低矮沙发、小床、台灯等进行创设 　　2. 创设"私密空间"，如宁静角。他们可以在这里安静地宣泄焦虑与紧张的情绪，利用小帐篷、抱枕、玩偶等创设半开放的、安全的宁静角	感知觉发展	有看、听、摸、尝的经验	乐于观察和探索（看、听、摸、尝）新环境的特点
		动作发展	喜欢运动，肢体具有一定的协调和平衡性	愿意参与爬行、爬楼梯等大肌肉运动，愿意尝试揉、撕、贴等小肌肉动作
		情绪和社会性发展	能够表达自己的情绪	能够在集体生活、游戏中感到愉快
		语言发展	愿意关注或倾听他人	愿意倾听教师阅读绘本，并尝试用口头语言或身体语言回答教师的问题
		认知发展	会关注自己感兴趣的事	乐于探索和观察活动中的各种现象，感受物体恒常性
		艺术表现发展	对艺术材料和创作感兴趣	喜欢用各种材料粘贴、装饰物品

主题 1：我爱奇妙园

下面选取 1 个游戏活动和 1 个学习活动进行主题说明。幼儿刚刚进入奇妙园，处于入园适应时期，这时候的活动注重让幼儿感受到奇妙园友好的气氛。"我的好娃娃"活动，可以让幼儿与自己熟悉的娃娃互动，缓解入园焦虑；"猜猜我是谁"活动，可以让幼儿在游戏中快速熟悉集体中的其他同伴。

游戏活动

角色扮演区：我的好娃娃

"三心"目标：好奇心　　　　　　　　　　　　　　　　　　　"三心"细化：兴趣

聚焦领域：情绪和社会性发展、认知发展

★ **材料投放**

床、小推车、娃娃（幼儿带来家中熟悉的娃娃数个）、小衣柜、小桌子（建议采用原木色家具）、小衣服、裤子、帽子、鞋袜、被子、奶瓶、衣撑、小推车等。

★ **经验准备**

幼儿有跟同伴一起游戏的经历。

（安全提示：不要让幼儿把玩具放到嘴里；玩具要消毒。）

★ **活动目标**

1. 想要玩一玩自己熟悉的娃娃。
2. 喜欢玩给娃娃换衣服、喂奶等游戏。

★ **操作方法**

1. 请幼儿自由利用娃娃家中所有的道具，如衣服、被子、奶瓶等进行游戏，可以给娃娃换衣服、喂奶、哄娃娃睡觉、和娃娃做游戏等。

2. 教师可以主动询问幼儿娃娃的名字、娃娃是男孩还是女孩等问题，然后引导幼儿进行哄娃娃睡觉、给娃娃喂奶等游戏。

★ **观察与建议**

- 观察幼儿是否想要玩一玩自己熟悉的娃娃。
- 观察幼儿是否喜欢玩给娃娃换衣服、喂奶等活动。
- 教师适时启发幼儿说出自己娃娃的昵称，并介绍给同伴和教师。

学习活动

猜猜我是谁

"三心"目标：好奇心　　　　　　　　　　　　　　　　　　　"三心"细化：兴趣

聚焦领域：情绪和社会性发展、认知发展

★ **活动目标**

1. 对班级里同伴的照片感兴趣。
2. 喜欢看班级里其他同伴的照片。想要认一认照片上的同伴是谁。

★ **活动准备**

班级照片卡、神秘袋、动物照片、幼儿较大尺寸的照片（或可投影在屏幕上）、教师个人照片、儿歌《你好,朋友》。

★ 活动过程

1. 教师播放儿歌《你好,朋友》,请幼儿来到地毯上,围坐在一起,跟着教师做动作。儿歌可以反复播放几遍,直至所有幼儿都坐好。

2. 教师拿出神秘袋(内装动物照片,3张左右)。

师:神秘袋里装了很多动物宝宝的照片,请摸一摸、看一看是谁呢?

3. 教师请幼儿依次摸出一张动物照片,并说出动物的名字。

4. 教师在神秘袋中装入幼儿和老师的照片。教师首先摸出自己的照片,请幼儿看一看、指一指这是谁,然后将自己的照片贴在班级照片卡上。

师:神秘袋中除了有小动物们,还有谁呢?哎呀,这是谁呀?原来是老师!我来把照片贴好。

5. 教师请幼儿从神秘袋中依次摸出照片,请幼儿互相看看是谁。幼儿指出后,教师需要说"原来是×××",然后和照片上的幼儿击掌说"你好"或给幼儿一个拥抱,将照片贴在班级照片卡上。重复以上步骤依次将所有幼儿的照片都贴好。

师:这又是谁呢?仔细看看。

🌟 将照片放在靠近幼儿的地方,吸引幼儿的注意力。

☀️ 鼓励幼儿仔细看照片,指一指是身边的哪位同伴。

6. 教师将班级照片卡展示给所有幼儿看,依次指着幼儿照片念幼儿的名字,最后说"欢迎来到奇妙园"。

★ 观察要点

● 幼儿是否对班级里同伴的照片感兴趣。

🌟 幼儿是否喜欢看班级里其他同伴的照片。

☀️ 幼儿是否想要认一认照片上的同伴是谁。

★ 活动资源

儿歌《你好,朋友》

你好(王小米),

你好(李小龙),

笑一笑,

招招手,

我们是朋友。

主题2: 我和我的老师

下面选取1个游戏活动、1个学习活动和1个家园互动活动进行主题说明。"老师的衣服"活动,让幼儿通过给教师制作衣服的游戏活动来拉近与教师的关系;"打招呼"活

动,让幼儿学习与教师打招呼的各种方式,学习与人建立关系的方式;"打招呼"家园互动活动,让幼儿在家庭中继续延续打招呼的学习。

游戏活动

创意区：老师的衣服

"三心"目标：好奇心　　　　　　　　　　　　　　　　"三心"细化：兴趣

聚焦领域：艺术表现发展、动作发展

★ **材料投放**

教师衣服的轮廓卡片,彩纸(可以先将彩纸撕成碎片,也可以依据幼儿能力发展提供较大块的彩纸),胶棒。

★ **经验准备**

幼儿喜欢贴纸游戏。

(安全提示：不要让幼儿把纸片放到嘴里。)

★ **活动目标**

1. 对将彩纸片贴到教师的衣服卡片上感到好奇。
2. 对用自己喜欢的彩纸装饰教师的衣服卡片感兴趣。

★ **操作方法**

1. 幼儿用胶棒在教师的衣服卡片上涂抹。
2. 幼儿将彩纸撕成小片贴在教师的衣服卡片上。
3. 卡片贴满后,教师将幼儿的作品收集晾干。

★ **观察与建议**

● 观察幼儿是否对将纸片贴到教师的衣服卡片感到好奇。
● 观察幼儿是否对用自己喜欢的彩纸装饰教师的衣服卡片感兴趣。
● 对于能力较强的幼儿,教师可以提问："你想给哪个老师设计衣服？""她穿什么颜色的衣服？"

学习活动

打　招　呼

"三心"目标：好奇心　　　　　　　　　　　　　　　　"三心"细化：喜悦

聚焦领域：情绪和社会性发展、语言发展

★ **活动目标**

1. 想要了解不同的打招呼方式。
2. 🌟 开心地回应教师或同伴的招呼。☀ 乐于选择自己喜欢的方式主动向他人打招呼。

★ 活动准备

环境：将常用的打招呼方式制成海报并放置于幼儿经常看得见的地方,如门口。

材料：打招呼海报、儿歌《找朋友》。

★ 活动过程

1. 教师播放《找朋友》儿歌,向幼儿展示海报,并介绍、演示海报上的打招呼方式(迎接幼儿时,教师需注意身体姿势和情绪状态,做到与幼儿视线平行、动作温柔、情绪愉悦)。然后幼儿和教师围成一个圈,跟随儿歌节奏拉手转圈并根据儿歌内容相互打招呼。

2. 邀请幼儿上来进行互动。

师：除了《找朋友》儿歌中击掌这种打招呼的方式以外,还有很多种打招呼的方式,小朋友们愿意跟老师一起学习吗？

幼儿可以回应教师或同伴发起的招呼,如愿意配合击掌,或敬礼、握手、微笑、招手、拥抱、鞠躬等。

有能力的幼儿可以选择一种方式,主动和身边的教师或同伴打招呼,通过不同部位的肢体接触来感受不同方式的乐趣。

3. 改编《找朋友》儿歌,将"击击掌,好朋友"改为"握握手,好朋友",教师可以和幼儿即兴修改,并根据修改的歌词进行表演。

4. 教师总结：打招呼原来也有这么多不一样的方式,真好玩！下次见到我,你们会怎样打招呼呢？

★ 观察要点

● 幼儿是否想了解不同的打招呼方式。

幼儿能否开心地回应教师或同伴的招呼。

幼儿能否选择一种自己喜欢的方式主动和他人打招呼。

★ 活动资源

儿歌《找朋友》

转一转,
找朋友,
击击掌,
好朋友。

家园互动

打　招　呼

★ 目标

幼儿能够有礼貌地和别人打招呼。

★ **教师与家长的沟通**

1. 告知家长培养幼儿有礼貌地和别人打招呼的必要性和好处。

(1) 有利于发展幼儿的文明礼貌素养;

(2) 发展幼儿的语言和社会交往能力;

(3) 锻炼幼儿的勇气和胆量,增强幼儿的自信;

(4) 培养幼儿与人为善、关怀他人的能力。

2. 解决家长的担忧与顾虑。

(1) 幼儿一开始可能不会也不知道该怎样和别人打招呼,家长要有意识、主动带领幼儿和别人打招呼,并隆重地介绍自己的孩子,让幼儿感受到被重视。

(2) 有些幼儿性格比较内向,会羞怯不敢开口,家长要注意给幼儿足够的时间,鼓励和肯定幼儿的点滴进步。即使幼儿不说话,只是微笑,家长也要肯定,循序渐进,不要强迫幼儿。

★ **家长可以这样做**

1. 操作方法。

(1) 与奇妙园的理念保持一致,可以用点头、握手、拥抱、微笑、击掌等方式回应别人的招呼。

(2) 提醒幼儿遇到熟悉的大人和同伴,可以通过说"你好/hello"、微笑、拥抱、握手等方式主动打招呼,表达自己的善意和关心。

2. 情感支持。

每个幼儿的个性不同,不要拿自己的孩子和别的孩子进行比较,只要幼儿今天比昨天有进步就应肯定。训斥和强迫幼儿按照大人的要求做事,只会让幼儿不敢开口说话、害怕交往。幼儿在良好的亲子互动中会一天比一天更有礼貌、更开朗,也更有自信和其他人打招呼。

主题3:奇妙园里的小动物

下面选取 1 个游戏活动、1 个学习活动和 1 个家园互动活动进行主题说明。幼儿通常对小动物有特别的喜爱,在让幼儿熟悉、接受奇妙园的过程中,小动物的作用功不可没。"兔宝宝饿了"活动,让幼儿通过喂兔宝宝的活动熟悉奇妙园里的动物成员;"美丽的小鱼"活动,让幼儿通过手工制作来表达对奇妙园中的小鱼的喜爱;"爱护小动物"家园互动活动,让幼儿能够在家继续学习照顾小动物、爱护小动物。

游戏活动

种植饲养区:兔宝宝饿了

"三心"目标:好奇心　　　　　　　　　　　　　　　　　　"三心"细化:兴趣

聚焦领域:认知发展、情绪和社会性发展

★ 材料投放

胡萝卜、青菜。

★ 经验准备

幼儿知道小动物饿了要吃食物。

（安全提示：避免幼儿被小动物咬伤。）

★ 活动目标

1. 想要去喂兔子。
2. 有兴趣拿兔子喜欢的食物喂兔子。

★ 操作方法

1. 拿一些胡萝卜和青菜叶子，清洗干净。
2. 将洗好的胡萝卜和青菜叶子放在兔笼子里。
3. 观察兔子吃食物。
4. 用贴纸在值日生表格中进行标记。

★ 观察与建议

● 观察幼儿是否想要去喂兔子。
● 观察幼儿是否有兴趣拿兔子喜欢的食物喂兔子。
● 教师提醒幼儿要注意取适当数量的食物喂兔子。

★ 活动资源

图 4-20　喂兔子

学习活动

美丽的小鱼

"三心"目标：好奇心　　　　　　　　　　　　　　　　　　"三心"细化：喜悦

聚焦领域：艺术表现发展、动作发展

★ **活动目标**

1. 想要给小鱼做好看的花纹。
2. 🌟 喜欢撕纸制作小鱼的花纹。 ☀️ 乐于撕纸并粘贴出好看的小鱼花纹。

★ **活动准备**

环境创设：布置作品展示墙。

材料：彩色薄卡纸、热带鱼图片、热带鱼轮廓的画纸、固体胶、剪刀、活动眼睛贴。

经验：🌟 幼儿能够撕纸。 ☀️ 幼儿能够撕纸并粘贴。

★ **活动过程**

1. 教师带幼儿观看饲养区养的小鱼后，出示热带鱼图片，引导幼儿观察热带鱼的花纹。

   师：你知道这是什么鱼吗？它们身上的花衣服好看吗？

2. 教师示范撕纸条，装饰热带鱼的花纹。
3. 教师先拿出两张相近色的卡纸，示范撕纸条。再用固体胶粘贴在热带鱼轮廓上，将多出来的部分用剪刀剪掉，做调整。最后贴上活动眼睛贴。
4. 鼓励幼儿选择自己喜欢的彩色卡纸，撕成条状，为小鱼添上美丽的花纹。
5. 在幼儿创作过程中，教师需要引导幼儿做色彩搭配，让小鱼看起来更漂亮。

   🌟 鼓励幼儿撕纸，帮助幼儿将纸粘贴到鱼身上。

   ☀️ 鼓励幼儿撕出各种颜色的条纹纸，粘贴出好看的小鱼。

6. 将幼儿的作品放到作品展示墙，供大家欣赏。

★ **观察要点**

● 幼儿是否想要给小鱼做好看的花纹。

🌟 幼儿是否喜欢撕纸制作小鱼的花纹。

☀️ 幼儿是否乐于撕纸并粘贴出好看的小鱼花纹。

★ **活动资源**

图 4-21 小鱼的制作材料

家园互动

爱 护 小 动 物

★ **目标**

幼儿能够认知和爱护身边的小动物,有条件的话可以参与照顾小动物。

★ **教师与家长的沟通**

1. 告知家长关于幼儿爱护小动物的必要性和好处。

(1) 发展幼儿爱护环境和移情的能力;

(2) 通过照顾小动物培养幼儿的责任心;

(3) 锻炼幼儿的动手能力;

(4) 培养幼儿的善心和爱心。

2. 解决家长的担忧与顾虑。

(1) 有些小动物的喂养可能会让家长担心卫生和安全的问题,但是幼儿生活的世界不是真空的,幼儿抵抗疾病和细菌的能力是在生活过程中不断提高的。我们需要做的是提前做好卫生和防控工作。

(2) 幼儿内心单纯,和小动物天然有着亲近感,幼儿和小动物的友好相处可以有效促进幼儿的心理发展,帮助幼儿发展同理心和爱心,所以不要用自己的经验和视角阻挠幼儿和小动物接触。给幼儿一个机会,让他可以和各种小动物友好相处。

★ **家长可以这样做**

1. 操作方法。

(1) 生活中注意和幼儿一起认知身边的小动物,如小猫、小狗等,同时和幼儿讨论这些小动物喜欢吃什么、有什么特点。和小动物相处不只是要去抱抱它,而是要让小动物觉得舒服、不害怕。

（2）可以喂养一个小动物，比如金鱼等，让幼儿参与小动物的喂食、观察和卫生清理。

2. 情感支持。

幼儿很容易和小动物相处，尤其是比幼儿弱小的小动物更容易激发幼儿的责任感和保护欲。所以家长不必大惊小怪、过多担心，可以通过幼儿和小动物的接触让幼儿懂得如何爱护小动物、爱护自然，培养他们的同理心和爱心。

主题4：中秋节

下面选取1个游戏活动和1个学习活动进行主题说明。中秋节是幼儿在奇妙园中经历的第一个节日，"中秋图书会"活动，让幼儿在绘本中认知中秋节；"做月饼"活动，可以让幼儿从愉快的食物制作集体活动中感受中秋节的传统文化。

游戏活动

听读区：中秋图书会

"三心"目标：好奇心　　　　　　　　　　　　"三心"细化：兴趣

聚焦领域：语言发展、情绪和社会性发展

★ **材料投放**

中秋节相关绘本如《小莉的中秋节》《月亮，生日快乐》《爸爸，请为我摘月亮》《中秋节的故事》，民间故事如《嫦娥奔月》等。

（经验准备：幼儿知道中秋节这一传统节日。）

★ **活动目标**

1. 对中秋节及相关传统民间故事感到好奇。
2. 喜欢听《嫦娥奔月》《月亮上的桂花树》等民间故事。

★ **操作方法**

1. 教师先将图书《小莉的中秋节》《月亮，生日快乐》《爸爸，请为我摘月亮》《中秋节的故事》等投放进图书角，请幼儿自由阅读。

2. 教师可以利用空闲时间与感兴趣的幼儿一起阅读民间故事图书，也可以脱离绘本直接用讲故事的方式与幼儿分享民间故事。

★ **观察与建议**

● 观察幼儿是否对中秋节及相关传统民间故事感到好奇。

● 观察幼儿是否喜欢听《嫦娥奔月》《月亮上的桂花树》等民间故事。

● 鼓励幼儿在聆听故事的过程中，思考、回答教师的问题。

学习活动

做 月 饼

"三心"目标：好奇心　　　　　　　　　　　　　　　　　　"三心"细化：兴趣

聚焦领域：动作发展、认知发展

★ 活动目标

1. 对自己动手做月饼感到好奇。
2. 🌟对用手混合冰皮粉和水、用皮包裹馅料、放入模具感兴趣。☀喜欢尝试自己做冰皮粉、包馅料、用模具制作冰皮月饼。

★ 活动准备

材料：冰皮月饼粉、水、白油、馅料（如莲蓉）。

经验：🌟幼儿喜欢品尝甜甜的月饼。☀幼儿有在中秋节吃月饼的经历。

★ 活动过程

1. 教师拿出一个做好的月饼，请幼儿看一看是什么。

师：小朋友们你们看，这是什么？想不想自己来试一试做一个月饼？

2. 教师拿出冰皮粉，邀请幼儿感知面粉的颜色，并摸一摸滑滑、细腻的冰皮粉。

3. 教师当着幼儿的面，取出适量冰皮粉倒进容器里，再倒入适量水与白油（粉、水、油分别约200克、80克、5克），揉捏一会儿变成光滑的面团。教师需要帮幼儿控制好粉、水、油的比例，可帮幼儿提前分好。

师：小朋友们，你们看，这是老师做的月饼面团，你们也可以自己做一个月饼面团。

🌟引导幼儿揉搓面团，有需要时可以提供帮助。

☀鼓励幼儿自己试一试揉搓、制作冰皮粉团。

4. 教师演示将冰皮粉团拍扁，包裹住一小块馅料，然后放入模具压平，再轻轻取出（压平取出比较困难，教师可以视情况提供帮助）。

5. 教师请幼儿展示自己做的月饼，然后大家一起享用月饼。

师：你的月饼好吃吗？甜不甜？你喜欢月饼吗？

★ 观察要点

● 幼儿是否对自己动手做冰皮月饼感到好奇。

🌟幼儿是否对用手混合冰皮粉和水、用皮包裹馅料、放入模具感兴趣。

☀幼儿是否喜欢尝试自己做冰皮粉、包馅料、用模具制作冰皮月饼。

二、我和我的家

表 4-7 "我和我的家"主题说明

设计意图	环境创设	领域目标		
		领域	已有经验	预期目标
幼儿第一次离开父母和家庭环境进入陌生的集体当中,会有着强烈的分离焦虑,所以设置"我和我的家"的主题活动,让幼儿能够把对家和父母的思念与爱表达出来。教室里布置的幼儿家中的物品和家人的照片也能够让幼儿对教室产生熟悉感和安全感。而祖国妈妈才是我们的大家长,所以本主题还会带领幼儿跟祖国妈妈一起过生日,让幼儿初步接触国庆节的一些元素,建立爱国的意识	● 人际环境 　　经过一个月奇妙园的生活,幼儿初步对教师们产生了信任感,这时候要有意识地培养幼儿适应并接纳一日活动,让幼儿在有规律的生活节奏中产生安全感 　　经过一个月的入园适应,这个月的幼儿情绪渐渐平稳下来,但还是要注意接纳幼儿想家的念头。在幼儿随机"爆发"想家、想妈妈的情绪时,教师可以抱着幼儿看一看教室里面贴的家人照片或玩一玩家里带来的物品让幼儿有家的熟悉感 ● 物理环境 　　1. 教师可以请幼儿从家中带来自己和爸爸妈妈的合照,请幼儿用贴纸、毛球等装饰后,布置在主题墙上 　　2. 在教室中布置五星红旗与和平鸽等国庆节元素,可以在班级中利用"五星红旗真美丽"与"国庆的彩灯"活动中的幼儿作品,将其用绳子穿起来,悬挂在教室顶部 　　3. 张贴"上厕所"的步骤图	感知觉发展	愿意尝试触摸各种物品	喜欢用小手感受软硬度不同的面团
		动作发展	喜欢玩球、玩面粉、跳跃	愿意尝试搓、揉、压、拉、卷面团,尝试滚球、并腿跳
		情绪和社会性发展	会用情绪表达对家和家人的思念	尝试用身体语言或口头语言表达对家人和祖国的爱
		语言发展	知道爱家人、爱妈妈	学习说"我爱你",学习想要尿尿、便便的时候告诉教师
		认知发展	认识几种基本的颜色,在奇妙园里上过厕所	认识五星红旗,尝试颜色配对、了解上厕所的步骤
		艺术表现发展	有一定的节奏感,喜欢涂色和装饰	愿意尝试制作国庆节相关元素的作品,愿意跟着儿歌进行律动

主题 1：我 的 爸 爸

下面选取 1 个游戏活动和 1 个学习活动进行主题说明。"今天我是小爸爸"活动,让幼儿通过扮演爸爸来表达对爸爸角色的理解,并缓解分离焦虑情绪;"爸爸的胡子"活动,让幼儿通过贴爸爸的胡子来认知男性性别角色特征。

游戏活动

角色扮演区：今天我是小爸爸

"三心"目标：信心　　　　　　　　　　　　　　"三心"细化：毅力

聚焦领域：情绪和社会性发展、认知发展

★ **材料投放**

爸爸的衣物或饰品若干（如帽子、围巾、领带等易穿脱的衣物或饰品）。

玩具娃娃及其用品（如小衣服、小床、奶瓶、毛巾等）。

★ **经验准备**

幼儿熟悉爸爸的衣物或饰品。

（安全提示：注意衣物的日常消毒与清洁。）

★ **活动目标**

1. 有信心做小爸爸照顾娃娃洗漱、喝奶、睡觉。
2. 能坚持做小爸爸照顾娃娃、保护娃娃。

★ **操作方法**

1. 幼儿穿戴上爸爸的衣物或饰品，装扮成爸爸。
2. 幼儿用奶瓶给玩具娃娃喂奶。

★ **观察与建议**

观察幼儿是否有信心做小爸爸照顾娃娃洗漱、喝奶、睡觉。

观察幼儿能否坚持做小爸爸照顾娃娃、保护娃娃。

教师可以先示范照顾娃娃，以帮助幼儿学习如何照顾娃娃。

学习活动

爸爸的胡子

"三心"目标：好奇心　　　　　　　　　　　　　"三心"细化：兴趣

聚焦领域：认知发展、语言发展

★ **活动目标**

1. 想要在简笔画上贴上爸爸的胡子。
2. ⭐ 想要把纸条贴在简笔画像上。 ☀ 开心地完成爸爸的胡子作品。

★ **活动准备**

材料：爸爸的简笔画像每人一张，固体胶、黑色短纸条若干，爸爸有胡子的照片。

经验：⭐ 幼儿见过、摸过爸爸的胡子。 ☀ 幼儿知道爸爸胡子的样子与颜色。

★ 活动过程

1. 展示多种胡子照片,引起幼儿的兴趣,并想一想爸爸的样子。

师:爸爸有胡子吗?是什么颜色的?是长的还是短的?

2. 教师分发爸爸的简笔画像与照片,请幼儿自己将纸条撕好并沾上胶水,贴在爸爸的简笔画像上。

🌟 帮助幼儿撕纸条、用纸条沾胶,然后贴在爸爸的简笔画像上。

☀️ 教师鼓励幼儿想一想爸爸的胡子是什么样的,然后自己选择纸条、撕纸条、沾胶水,贴在爸爸的简笔画像上。

3. 教师鼓励幼儿进行作品展示。

🌟 教师鼓励幼儿把自己的作品展示给大家看。

☀️ 教师鼓励幼儿说一说爸爸的胡子是什么样的(长的、短的、卷的),什么颜色的。

★ 观察要点

● 幼儿能否坚持将纸条贴在爸爸的简笔画像上作胡子。

🌟 幼儿能否将纸条贴在爸爸的简笔画像上。

☀️ 幼儿能否选择胡子,沾胶贴在爸爸的简笔画像上。

★ 活动资源

图 4-22 制作爸爸胡子的材料

主题2：我爱妈妈

下面选取1个游戏活动、1个学习活动和1个家园互动活动进行主题说明。"送给妈妈的花"活动，让幼儿通过制作花朵表达对妈妈的爱；"我帮妈妈找袜子"活动，让幼儿通过给妈妈找袜子的活动表达对妈妈的关心；"爱的表达"家园互动活动，让幼儿在家庭中用各种方式继续对爸爸妈妈表达自己的爱。

游戏活动

创意区：送给妈妈的花

"三心"目标：信心　　　　　　　　　　　　　　　"三心"细化：自豪

聚焦领域：艺术表现发展、动作发展

★ 材料投放

用卡纸卷起的捧花包装，各色卡片人手一张（卡片上写上或用印章敲上"谢谢您"），各色超轻土，以及皱纹纸条、贴纸、小绒球、固体胶、双面胶等。

★ 经验准备

幼儿有粘贴材料和揉搓超轻土的经历。

（安全提示：提醒幼儿不要把超轻土放入嘴里。）

★ 活动目标

1. 能够使用各种颜色的皱纹纸给妈妈制作花。
2. 为自己通过揉搓、粘贴等方式制作花感到自豪。

★ 操作方法

1. 挑选自己喜欢颜色的皱纹纸，双手揉搓制作花朵。
2. 将花朵粘贴在捧花包装纸上。
3. 展示自己给妈妈制作的花。

★ 观察与建议

- 观察幼儿能否使用各种颜色的皱纹纸给妈妈制作花。
- 观察幼儿能否为自己通过揉搓、粘贴等方式制作花感到自豪。
- 为幼儿示范揉搓的动作，鼓励幼儿揉搓出不同的形状，如圆形、长条形等。

★ 活动资源

图 4-23 制作花的材料

学习活动

我帮妈妈找袜子

"三心"目标：善心　　　　　　　　　　　　　　　"三心"细化：关怀

聚焦领域：认知发展、情绪和社会性发展

★ 活动目标

1. 能够注意、辨别骰子显示的颜色并帮妈妈找到指定的袜子。

2. 🌟 能注意到骰子上和妈妈的袜子相对应的颜色。☀ 能根据骰子上的颜色帮妈妈找到对应的袜子。

★ 活动准备

材料：妈妈苦恼的图片一张，骰子（每两面中间分别为红、黄、蓝），多个纯色袜子（或卡纸制作的袜子形状），收纳盒。

经验：🌟 认识红、黄、蓝三种颜色。☀ 理解简单的游戏规则。

★ 活动过程

1. 教师展示妈妈苦恼的图片，引起幼儿的好奇，然后向幼儿介绍游戏以及要使用的道具。

师：妈妈真难过，她的袜子不见了。聪明的小朋友，你能帮帮她吗？

2. 教师展示三种颜色的袜子，引发幼儿思考妈妈需要哪种颜色的袜子。

师：这里有红色、黄色、蓝色的袜子，可是妈妈要哪一种呢？

3. 教师用妈妈的照片挡住脸,用妈妈的声音说:"骰子掷到什么颜色,我就穿什么颜色。"

4. 教师拿出骰子,引导幼儿观察骰子的颜色,有红色、黄色、蓝色。再投掷骰子,看一看朝上的那面是什么颜色。最后,在袜子中找到该颜色的两只袜子后,放到收纳盒内。

5. 游戏可以重复几次,可通过提问幼儿"妈妈要什么颜色的袜子"帮助幼儿理解游戏规则。

6. 鼓励幼儿进行游戏,并重复多次。请幼儿依次丢骰子,找到对应颜色的袜子。待幼儿熟悉后,可请一名幼儿掷骰子,另一名幼儿找袜子,然后交换。

🌞 当幼儿不知如何进行游戏时,教师可以与他一起进行游戏。

😊 教师鼓励幼儿说出颜色名称,再找出与之对应的袜子。

7. 提醒幼儿回家后可以帮助妈妈整理袜子。

★ 观察要点

● 幼儿能否注意、辨别骰子显示的颜色并帮妈妈找到指定的袜子。

🌞 幼儿能否注意到骰子及袜子上对应的三种颜色。

😊 幼儿能否根据骰子上的颜色找到对应的袜子。

★ 活动资源

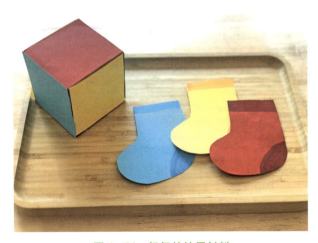

图4-24 妈妈的袜子材料

家园互动

爱 的 表 达

★ 目标

幼儿能够对妈妈表达爱,愿意给妈妈捶背、帮妈妈做事情。

★ 教师与家长的沟通

1. 告知家长让幼儿表达爱的必要性和好处。

（1）发展幼儿关怀和照顾他人的能力；

（2）促进幼儿情感表达能力的发展；

（3）加强亲子间的互动，培养幼儿交往能力；

（4）发展幼儿的情商，促进幼儿情绪的健康发展。

2. 解决家长的担忧与顾虑。

2~3岁幼儿开始进入叛逆期，情绪容易失控，但是也开始能够掌握一些情绪表达和管理的方法。幼儿通过一些游戏活动、音乐活动，可以有效感受并调节情绪，也能够表达情绪。爱的表达需要能力，需要体现在语言和行动上。父母和幼儿之间能够用语言表达爱，用行动展示爱，对幼儿的情绪情感发展起着重要的示范作用，能够为幼儿创设一个流动的情绪空间，有利于幼儿良好情绪的养成，也有利于亲子关系的和谐。

★ 家长可以这样做

1. 操作方法。

（1）爸爸妈妈和幼儿相处，要勇于表达对幼儿的爱，除了日常为幼儿准备三餐、陪伴玩耍外，也要经常用语言表达爱，每天睡觉前可以对幼儿说："妈妈爱你。宝贝晚安。"早上可以对幼儿说："宝贝，早上好，妈妈爱你。"这些细节体现了爱的流动，幼儿会接收到并有所反馈。

（2）爸爸妈妈可以邀请幼儿帮忙做家务，然后真诚地对幼儿表达感谢、表达爱。让幼儿有机会给爸爸妈妈分碗筷，做一些力所能及的事，同时父母给予回馈，幼儿慢慢会知道爱和关心也可以用行动去表达。

2. 情感支持。

爱需要能力，爱不能仅藏在心里，要体现在行为上。2~3岁幼儿已有了基本语言能力，也有了复杂的情绪，社会性情绪也开始发展。家庭中的情绪体验和情感互动是幼儿学习管理和表达情绪的重要途径，所以爸爸妈妈要为幼儿提供积极的示范和影响，帮助幼儿做好情绪管理。

主题3：可爱的一家

下面选取1个游戏活动和1个学习活动进行主题说明。"可爱的一家"活动，让幼儿通过看家庭照片缓解分离焦虑；"小大人"活动，让幼儿通过模仿爸爸妈妈的活动来进一步了解性别的差异。

> **游戏活动**

听读区：可爱的一家

"三心"目标：好奇心　　　　　　　　　　　　　　　　　"三心"细化：兴趣

聚焦领域：语言发展、认知发展

★ **材料投放**

教师自制班级家庭图册。

★ **活动目标**

1. 对班级家庭图册中的家庭照片感到好奇。
2. 喜欢看一看、找一找、说一说自己的爸爸妈妈在哪里。

★ **操作方法**

1. 幼儿打开图册，翻一翻，找一找自己的家庭照片在哪里。
2. 教师可以请幼儿指一指、说一说自己的爸爸妈妈在哪里。

★ **观察与建议**

● 观察幼儿是否对班级家庭图册中的家庭照片感到好奇。

● 观察幼儿是否喜欢看一看、找一找、说一说自己的爸爸妈妈在哪里。

● 教师可以先请幼儿从家中取来照片，然后与幼儿一起将照片放入图册中，制成家庭图册，同时帮助幼儿熟悉同伴及其爸爸妈妈。

> **学习活动**

小　大　人

"三心"目标：好奇心　　　　　　　　　　　　　　　　　"三心"细化：兴趣

聚焦领域：感知觉发展、语言发展

★ **活动目标**

1. 对看一看、穿一穿爸爸妈妈的衣服感到好奇。

2. 🌟有兴趣尝试穿爸爸妈妈的衣服。☀️喜欢穿一穿爸爸妈妈的衣服，能发现与自己衣服的不同。

★ **活动准备**

材料：爸爸的衣服、妈妈的衣服、幼儿的衣服或相应的图片，大镜子一面。

经验：🌟能够在大人帮助下穿衣。☀️能够自己穿衣。

★ **活动过程**

1. 教师打扮成"爸爸"的样子出现，穿戴西装、领带、皮鞋，吸引幼儿的注意。

师：快看我，我穿的和平时有什么不一样呀？原来我穿的是"爸爸"的衣服，你们想要试一下吗?

2. 教师邀请一名男生帮他试穿爸爸的服饰,套上西装、系上领带、穿上皮鞋。

3. 教师邀请一名女生试穿妈妈的大外套,戴上丝巾、穿上高跟鞋。

4. 教师引导幼儿对比爸爸和妈妈的衣服,例如:爸爸穿的是男生的衣服,妈妈穿的是女生的衣服,他们的衣服都很大。

5. 请幼儿将自己的衣服和爸爸妈妈的衣服进行对比,例如:小女生和妈妈一样都穿着裙子,自己的衣服比妈妈的小。

⭐ 教师鼓励幼儿对着衣服看一看、指一指,例如:哪件衣服大一点? 穿裙子的是爸爸还是妈妈?

🌞 教师鼓励幼儿自由说一说爸爸妈妈的衣服与自己衣服的不同。

6. 试完衣服后,教师鼓励幼儿尝试把自己试穿的衣服叠好。

★ 观察要点

● 幼儿是否对看一看、穿一穿爸爸妈妈的衣服感到好奇。

⭐ 幼儿是否有兴趣尝试穿爸爸妈妈的衣服。

🌞 幼儿是否喜欢穿一穿爸爸妈妈的衣服,发现与自己衣服的不同。

主题 4: 祖国妈妈过生日

下面选取 1 个游戏活动和 1 个学习活动进行主题说明。"祖国有多大"活动,让幼儿通过粘贴游戏,初步认知祖国地图;"国庆节真热闹"活动,让幼儿在托育机构中感受给祖国妈妈过生日的快乐。

游戏活动

创意区:祖国有多大

"三心"目标:好奇心　　　　　　　　　　　　　　　　　"三心"细化:喜悦
聚焦领域:动作发展、艺术表现发展

★ 材料投放

中国地图、中国地图轮廓(可以贴在墙壁上,地图轮廓可以分为不同的小区域)、不同颜色的皱纹纸、胶水。

★ 经验准备

幼儿看见过中国地图。

★ 活动目标

1. 对用小手将皱纹纸捏成团,贴在地图上感到好奇。

2. 为自己能用小手将地图上空白的地方用皱纹纸填满感到喜悦。

★ **操作方法**

1. 幼儿观察中国地图,然后对比中国地图轮廓。
2. 幼儿自由选择所喜欢颜色的皱纹纸。
3. 撕一块皱纹纸,捏成团,沾上胶水后,贴在地图轮廓上。
4. 坚持多贴几次,将地图轮廓中的一小块贴满。

★ **观察与建议**

● 观察幼儿是否对用小手将皱纹纸捏成小团并贴在地图上感到好奇。
● 观察幼儿是否为自己能用小手将地图上空白的地方用皱纹纸填满感到喜悦。
● 对于小年龄的幼儿,教师可以先手把手教幼儿撕皱纹纸、捏成团的办法,再放手让幼儿自己尝试。

学习活动

国庆节真热闹

"三心"目标:好奇心　　　　　　　　　　　　　　　"三心"细化:兴趣
聚焦领域:语言发展、艺术表现发展

★ **活动目标**

1. 知道国庆节是祖国妈妈的生日,对学说"国庆节""五星红旗""和平鸽"感兴趣。
2. 🌟 喜欢听童谣《国庆节,真热闹》。☀️ 喜欢随着童谣说"国庆节""五星红旗""和平鸽"。

★ **活动准备**

环境:班级和园所的国庆节环创,如国旗、天安门、和平鸽、灯笼、烟花等;国庆主题墙。
材料:童谣《国庆节,真热闹》,五星红旗与和平鸽道具。

★ **活动过程**

1. 教师展示班级中所有幼儿的大头照,请幼儿看一看、说一说大家有什么共同点。教师可以适当给予提示,如"我们都有黄色的皮肤"。

师:我们都是中国人,我们的祖国是中国。祖国妈妈的生日是十月一日。

2. 教师请幼儿观察班级中环境的改变,请幼儿找一找有什么变化。

师:我们的教室里有国旗、气球、彩带,都是给祖国妈妈过生日用的。

3. 教师念童谣《国庆节,真热闹》,请幼儿听歌词,再次感受国庆节的节日氛围。

师:祖国妈妈的生日是国庆节,请你们听一首好听的童谣。

4. 教师配合音乐,反复念几遍童谣,在说到五星红旗、和平鸽时,用小道具搭配相应动作进行表演,并注意请幼儿模仿教师的声音,学说"国庆节""五星红旗"与"和平鸽"。

🌟 鼓励幼儿在听到"五星红旗"与"和平鸽"时舞动手里的小道具。

☀ 引导幼儿注意听童谣,学说"五星红旗""和平鸽"。

5. 小结:每年我们都会为祖国妈妈过生日,一起欢度国庆节。

★ 观察要点

● 幼儿是否知道国庆节是祖国妈妈的生日,对学说"国庆节""五星红旗""和平鸽"感兴趣。

🌟 幼儿是否喜欢听童谣《国庆节,真热闹》。

☀ 幼儿是否喜欢随着童谣说"国庆节""五星红旗""和平鸽"。

★ 活动资源

童谣《国庆节,真热闹》

十月一,柿子红,

和平鸽飞在蓝天中。

柿子红,桂花香,

五星红旗在飘扬。

三、团圆年

表4-8 "团圆年"主题说明

设计意图	环境创设	领域目标		
		领域	已有经验	预期目标
经历了元旦节的新年气氛,幼儿就要在奇妙园中迎来中国传统节日——春节。在喜庆热闹的气氛当中,幼儿感受团圆年的元素,"圆圆的"就是团圆年最美好的象征,幼儿可以认识到各种圆圆的东西,并了解圆圆的东西可以滚动,还能吃到好吃的、圆圆的汤圆、糖葫芦,过年了还会吃到美味的各种传统面食,并在团团圆圆过大年的气氛当中完成上学期的奇妙园生活和学习。	● 人际环境 在幼儿熟悉并适应了环境,与教师建立了基本的信任关系后,教师们要尊重幼儿独自玩耍的意愿。这个年龄的幼儿更倾向于独自游戏,因此他们的独自游戏可能不是孤僻、害怕周围环境的表现,而是对周围环境产生了安全感的表现。 ● 物理环境 1. 主题墙:设置新年和圆形元素,比如汤圆、饺子、年糕、鸡蛋、灯笼、球类、泡泡等。 2. 主题桌:摆上各种新年食物、好玩的物品、圆圆的物品等。	感知觉发展	能用手感受物品不同形状及不同的触感	感受圆形物品摸起来圆溜溜的感觉
		动作发展	喜欢滚东西,会随意翻滚	能够滚元宵、滚珠,能够滚球、侧身滚动
		情绪和社会性发展	愿意跟同伴在一起	开心地与同伴一起游戏,感受新年的欢乐气氛
		语言发展	能够倾听教师的问题	能够用简单的句子回答教师的问题
		认知发展	知道有一些东西是圆圆的	认识圆形和球形的物品,知道圆形和球形的物品可以滚动
		艺术表现发展	喜欢涂鸦	尝试珠子滚画,用棉花棒涂鸦

第四章　主题活动设计与实施

主题1：团团圆圆过大年

下面选取1个游戏活动、1个学习活动和1个家园互动活动进行主题说明。"小灯笼挂起来"活动，让幼儿通过手工制作一起给教室营造新年的气氛；"新年到"活动，让幼儿通过童谣了解新年的各种习俗；"新年快乐"家园互动活动，让幼儿在家庭中感受新年的氛围，并认知春节的各种民俗。

游戏活动

创意区：小灯笼挂起来

"三心"目标：信心　　　　　　　　　　　　　　　"三心"细化：毅力

聚焦领域：动作发展、艺术表现发展

★ 材料投放

各色手工纸、胶水、各色黏土。

★ 经验准备

幼儿知道有关过年的一些习俗，如挂灯笼等。

★ 活动目标

1. 能够用手工纸粘贴小灯笼。
2. 坚持把所有的手工纸粘贴到小灯笼上合适的位置。

★ 操作方法

1. 将圆形的手工纸进行对折，一共对折5张大小一样的圆形手工纸。
2. 将5张圆形手工纸叠放在一起，然后把手工纸两两贴在一起。
3. 把粘贴好的手工纸粘贴到画纸或者主题墙上，小小灯笼就做好了。
4. 可以在小灯笼下面用颜料画上几条灯笼穗。

★ 观察与建议

- 观察幼儿能否用手工纸粘贴小灯笼。
- 观察幼儿能否坚持把所有的手工纸粘贴到小灯笼上合适的位置。

★ 活动资源

图4-25　手工纸制作的小灯笼

学习活动

新 年 到

"三心"目标：好奇心　　　　　　　　　　　　　　　　　　　"三心"细化：喜悦

聚焦领域：语言发展、情绪和社会性发展

★ 活动目标

1. 想要听和念《新年到》童谣。
2. 🌟 开心地跟念童谣并做拜年的手势。　☀️ 开心并准确地跟念童谣《新年好》。

★ 活动准备

环境：教室内悬挂灯笼，张贴福字、对联等，营造过年的氛围。

材料：童谣《新年到》，爷爷奶奶、爸爸妈妈、叔叔阿姨、哥哥姐姐的头饰，穿新衣、戴新帽的幼儿的图片，拜年的图片。

经验：幼儿知道过年需要拜年。

★ 活动过程

1. 教师做拜年的动作，并问幼儿：你们知道这是干什么吗？过什么节日需要这样做呢？

2. 教师念童谣，并引导幼儿去看新年的福字、对联等装饰，让幼儿倾听并理解童谣内容。

3. 教师出示穿新衣、戴新帽的幼儿图片。

师：穿新衣，戴新帽，见了大人问声好。

4. 教师出示拜年的幼儿图片。

师：我们要对大人说新年好，要拜年。

5. 教师邀请幼儿一起学习拜年的手势，并说"新年好"。

🌟 鼓励幼儿跟着教师一起做拜年的手势，并模仿说"新年好"或"好"。

☀️ 鼓励幼儿一边做拜年的手势，一边对教师说"新年好"。

6. 教师和幼儿戴上爷爷奶奶、爸爸妈妈、叔叔阿姨、哥哥姐姐头饰，玩拜年的游戏。

☀️ 鼓励幼儿跟着教师一起念童谣，一边游戏一边说出"爷爷奶奶新年好"等句子。

★ 观察要点

● 幼儿是否想要听和念童谣《新年到》。

🌟 幼儿能否开心地跟念童谣并做拜年的手势。

☀️ 幼儿能否开心并准确地跟念童谣《新年到》。

★ **活动资源**

童谣《新年到》

新年到，贴福字，

家家挂春联。

吃饺子，穿新衣，

出门拜大年！

家园互动

新 年 快 乐

★ **目标**

幼儿能够感受新年的快乐气氛，了解新年的习俗。

★ **教师与家长的沟通**

1. 告知家长让幼儿感受新年的必要性和好处。

（1）体验和感受快乐，促进幼儿的身心健康；

（2）了解新年习俗，感受节日文化；

（3）发展幼儿的社会认知，促进幼儿社会意识的发展；

（4）增强关怀自我和关怀环境的能力。

2. 解决家长的担忧与顾虑。

幼儿一开始可能并不能理解新年是什么，但是和大人在一起过新年、庆祝新年的愉快氛围与体验会深深映入幼儿的脑海中，成为幼儿幼小心灵的美好回忆。这些快乐的回忆会让幼儿感受到外界环境的美好，对环境充满信任。

★ **家长可以这样做**

1. 操作方法。

（1）和幼儿一起回顾奇妙园学的儿歌，庆祝新年快乐。例如：

小伙伴，过元旦，冰糖葫芦串成串。糖葫芦红，糖葫芦甜，祝愿幸福和团圆。

（2）和幼儿一起参加一些新年庆祝活动，一起做水饺，一家人一起吃团圆饭，庆祝新年，感受节日的氛围。

2. 情感支持。

新年虽然年年过，但是对于2～3岁的幼儿来说，所有的事物都是新鲜的、有趣的，他们渴望新奇的事物，渴望对这个世界了解更多。所以爸爸妈妈要珍惜带幼儿感受新年气氛的机会，彩色的气球、欢快的音乐、一家人和和乐乐的气氛，都会对幼儿产生潜移默化的影响。同时，外界欢乐祥和的气氛有助于幼儿安全感和良好社会意识的建构。

主题 2：圆圆的滚起来

下面选取 1 个游戏活动、1 个学习活动和 1 个家园互动活动进行主题说明。"圆圆的汤圆"活动，让幼儿用糯米团真实地团汤圆，既可以锻炼精细动作，又可以了解汤圆与过年的关系；"滚元宵"活动，让幼儿一边念童谣一边感受一起滚元宵的快乐；"圆圆的滚起来"的家园互动活动，让幼儿继续认知生活中一些圆形的物品。

游戏活动

创意区：圆圆的汤圆

"三心"目标：信心　　　　　　　　　　　　　　　　　　　　　　"三心"细化：毅力

聚焦领域：动作发展、情绪和社会性发展

★ **材料投放**

各色黏土、汤圆碗画纸（贴在墙面上）。

★ **经验准备**

幼儿知道汤圆或元宵。

★ **活动目标**

1. 能够用黏土团汤圆。
2. 坚持制作一碗汤圆。

★ **操作方法**

1. 幼儿把一块块分好的黏土团成圆圆的汤圆。
2. 把汤圆放进碗里。
3. 坚持制作一碗汤圆。

★ **观察与建议**

● 观察幼儿能否用黏土团汤圆。
● 观察幼儿能否坚持制作一碗汤圆。

学习活动

滚 元 宵

"三心"目标：善心　　　　　　　　　　　　　　　　　　　　　　"三心"细化：合作

聚焦领域：动作发展、情绪和社会性发展

★ **活动目标**

1. 与同伴合作滚元宵。

2. 🌟 能够摇动簸箕滚元宵。☀️ 开心地配合同伴一起摇动簸箕滚元宵。

★ **活动准备**

材料：元宵馅、糯米粉、圆簸箕、小盆、童谣《元宵节》。

经验：幼儿吃过元宵。

★ **活动过程**

1. 教师提问，引起幼儿的兴趣。

师：快要过年了，我们过年的时候常常会吃一种圆圆、甜甜、白白的食物，是什么呢？（元宵/汤圆）

2. 教师拿出元宵馅，分成一小块一小块，放在铺了糯米粉的簸箕上进行滚元宵，可以邀请一名幼儿跟教师一起滚元宵。

3. 教师引导幼儿一起观察元宵馅是怎么一点点滚成圆圆的元宵的。

师：看，滚滚滚元宵，滚成一个大元宵。

4. 教师分发小盆和簸箕，邀请幼儿一起滚元宵。

🌟 鼓励幼儿摇动小盆，滚元宵。

☀️ 鼓励幼儿两两配合一起拿着簸箕滚元宵。

5. 教师带幼儿煮元宵，一边煮一边念童谣《元宵节》。煮好元宵后一起品尝元宵。

★ **观察要点**

● 幼儿能否与同伴合作滚元宵。

🌟 幼儿能否摇动簸箕滚元宵。

☀️ 幼儿能否开心地配合同伴一起摇动簸箕滚元宵。

★ **活动资源**

童谣《元宵节》

元宵节，滚汤圆，
滚呀滚汤圆。
元宵节，滚汤圆，
外婆的汤圆甜又圆。

家园互动

圆圆的滚起来

★ **目标**

幼儿能够发现生活中更多圆圆的东西，并尝试滚的动作。

★ 教师与家长的沟通

1. 告知家长让幼儿感受圆、了解圆的必要性和好处。

(1) 发展幼儿动手和探索的能力,促进幼儿思维的发展;

(2) 发展幼儿的观察能力;

(3) 发展幼儿的好奇心和求知欲。

2. 解决家长的担忧与顾虑。

(1) 幼儿一开始并不能很好地认识圆形,甚至告诉他这是圆圆的皮球,再问他是什么形状,他也回答不出。这是因为对于圆形这个抽象的词汇,幼儿理解起来要晚于球、太阳、蛋糕等具体的实物概念。

(2) 幼儿的学习是依赖于操作体验的,幼儿自己在玩耍中就能不自觉地探索出圆形的东西能够滚,而方形的不能滚。

★ 家长可以这样做

1. 操作方法。

(1) 和幼儿一起玩皮球,让皮球滚起来,相互传球。

(2) 和幼儿一起发现身边各种各样的圆形,如圆圆的太阳、圆圆的蛋糕、圆圆的呼啦圈、圆圆的大龙球、圆圆的玻璃球、圆圆的车轮。

2. 情感支持。

圆圆的皮球、圆圆的太阳、圆圆的蛋糕是幼儿对圆形最初的印象。幼儿对图形的认知离不开事物的具体形象,家长可以在生活中为幼儿提供大量圆形的物品,让幼儿在实践中去探索和发现,不用特地去教幼儿"圆形的东西才能滚起来"。

主题3:甜甜的年味

下面选取1个游戏活动和1个学习活动进行主题说明。"糖葫芦串""好吃的糖葫芦"活动,让幼儿自己制作年味相关的甜甜美食,感受过年的气氛。

游戏活动

创意区:糖葫芦串

"三心"目标:信心　　　　　　　　　　　　　　　"三心"细化:自豪

聚焦领域:艺术表现发展、动作发展

★ 材料投放

各色黏土、糖葫芦竹签。

(安全提示:糖葫芦竹签不要太细,避免戳伤幼儿。)

★ 活动目标

1. 能够用彩色黏土制作糖葫芦。
2. 对自己制作的糖葫芦感到自豪。

★ 操作方法

1. 将各色黏土搓成圆球状。
2. 把圆球串在糖葫芦竹签上,可以串上几颗,做成糖葫芦串。
3. 制作不同形状的糖葫芦串。

★ 观察与建议

- 观察幼儿能否用彩色黏土制作糖葫芦。
- 观察幼儿是否对自己制作的糖葫芦感到自豪。

★ 活动资源

图 4-26　黏土制作的糖葫芦

学习活动

好吃的糖葫芦

"三心"目标:信心　　　　　　　　　　　　　　　"三心"细化:自豪

聚焦领域:认知发展、艺术表现发展

★ 活动目标

1. 能够用手工纸或黏土制作糖葫芦。
2. 🌟对自己能够制作糖葫芦感到自豪。 ☀对自己制作的糖葫芦串墙面感到

自豪。

★ 活动准备

材料：各种糖葫芦、主题墙上粘贴糖葫芦竹签若干、红色手工纸（部分是圆形的）、各色黏土、胶棒。

经验：🌟 幼儿认识糖葫芦。 ☀️ 幼儿使用过黏土。

★ 活动过程

1. 教师拿出糖葫芦。

师：过年的时候要吃糖葫芦，糖葫芦是什么样的？（红红的、圆圆的，串在细细的竹签上。）

2. 教师带幼儿来到主题墙面前，仔细观察。

师：这里有什么？（糖葫芦的竹签）我们给糖葫芦竹签串上好吃、好看的糖葫芦吧。

3. 教师示范用两种方法制作糖葫芦：用圆圆的红色手工纸粘贴在糖葫芦竹签上，用红色的黏土团成小圆球粘贴在糖葫芦竹签上。

4. 教师展示其他种类的糖葫芦，然后用各色黏土制作各种不同的水果糖葫芦，粘贴在糖葫芦竹签上。

5. 教师分发红色的手工纸、胶棒和各色黏土。

🌟 鼓励幼儿把圆形手工纸贴在糖葫芦竹签上。

☀️ 鼓励幼儿用手撕手工纸，把手工纸撕成圆形，然后贴到糖葫芦竹签上，或者把黏土团成小团子或其他造型粘到糖葫芦竹签上。

6. 教师请幼儿欣赏自己制作的糖葫芦墙面。

★ 观察要点

● 幼儿能否用手工纸或黏土制作糖葫芦。

🌟 幼儿是否对自己能够粘贴糖葫芦感到自豪。

☀️ 幼儿是否对自己制作的糖葫芦串墙面感到自豪。

主题4：过年做面食

下面选取1个游戏活动、1个学习活动和1个家园互动活动进行主题说明。"揉面团""包饺子"活动，让幼儿通过真实的操作感受过年的面食文化；"神奇的面团"家园互动活动，让幼儿可以继续用面团制作一些美食，了解生活中的各种面食。

> 游戏活动

创意区：揉面团

"三心"目标：好奇心　　　　　　　　　　　　　　　"三心"细化：喜悦

聚焦领域：动作发展、艺术表现发展

★ **材料投放**

面团、塑料小刀、玩具擀面杖、玩具小碗。

★ **经验准备**

幼儿能用小手揉捏面团，知道几种常见的面食。

（安全提示：提醒幼儿不要把面团放入嘴里。）

★ **活动目标**

1. 对揉面团感到好奇。
2. 乐于尝试把面团揉成不同形状。

★ **操作方法**

1. 参照揉面团的图片揉面团。
2. 用擀面杖擀面团，用塑料小刀切面团。
3. 把面团揉成不同的形状。

★ **观察与建议**

● 观察幼儿是否对揉面团感到好奇。

● 观察幼儿是否乐于尝试把面团揉成不同的形状。

● 对幼儿用面团揉成的不同形状的面团作品，教师及时进行表扬和称赞。教师可以给幼儿示范如何使用擀面杖和小刀。

★ **活动资源**

图 4-27　各种彩色面团

学习活动

包 饺 子

"三心"目标：信心　　　　　　　　　　　　　　　　"三心"细化：自豪

聚焦领域：情绪和社会性发展、动作发展

★ **活动目标**

1. 能和教师一起体验包饺子的过程。

2. 🌟 能模仿教师做包饺子的动作，并为此感到自豪。 ☀️ 能够在教师指导下做压、擀、捏、包的动作，并为此感到自豪。

★ **活动准备**

饺子图片、面粉、饺子馅、擀面杖、托盘、小勺。

★ **活动过程**

1. 图片导入，介绍饺子。

师：这是什么？（饺子）吃过吗？还记得是什么味道的吗？

2. 引导幼儿认识制作饺子的主要食材：面粉、肉、蔬菜等。

师：饺子里有什么？（菜和肉）

师：有没有小朋友包过饺子呢？今天我们一起学习包饺子。

3. 教师示范操作：拿出提前准备好的面团，用擀面杖将面团擀成厚薄均匀、边缘圆润的饺子皮。一只手拿饺子皮，另一只手用小铁勺舀取适量饺子馅，放入饺子皮中，再将饺子皮折成半圆，捏牢中间，由两边向中间封口。包好后，放入准备好的盘子中。

4. 引导幼儿操作：发放面团和擀面杖让幼儿进行团、压、擀的操作，制作饺子皮。

🌟 能够尝试用擀面杖模仿教师做压、擀的动作。

☀️ 经过指导能够用擀面杖压、擀出饺子皮的形状。

5. 指导幼儿将饺子馅放入饺子皮中包起来，最后把包好的饺子放入托盘中。

🌟 在教师帮助下放馅捏饺子。

☀️ 能够自己放好馅料，在教师指导下捏出饺子。

6. 收集幼儿包的各种饺子，并给予鼓励。

师：嗯，小朋友们真能干，饺子都包好了，我们一起拿着包好的饺子去煮一煮吧！

7. 教师与幼儿一起分享食用饺子，感受劳动带来的快乐。

★ **观察要点**

● 幼儿能否和教师一起体验包饺子的过程。

⭐ 幼儿能否模仿教师做包饺子的动作,并为此感到自豪。

🌞 幼儿能否在教师指导下做压、擀、捏、包的动作,并为此感到自豪。

家园互动

神奇的面团

★ 目标

幼儿在家中能继续练习揉、搓、卷等动作,制作在奇妙园里做过的各种面食。

★ 教师与家长的沟通

1. 告知家长让幼儿揉面团的必要性和好处。

(1) 发展幼儿的触觉,愉悦幼儿的情绪;

(2) 发展幼儿的精细动作,提高动手能力;

(3) 锻炼幼儿手部动作的灵活性,促进大脑的发育;

(4) 培养幼儿对食物的好奇心和兴趣。

2. 解决家长的担忧与顾虑。

(1) 幼儿一开始玩面粉、揉捏面团时可能弄得手上到处都是,也会把家里弄乱,但是不能因为这样就不给幼儿玩面粉、揉面团的机会。揉捏面团、和面的过程可以很好地发展幼儿的触觉。

(2) 只是弄点面粉和水就能让幼儿玩很长时间,既能锻炼揉、捏、扯、拉等动作,还对幼儿有安抚作用。

★ 家长可以这样做

1. 操作方法。

(1) 家长拿出一些面粉和适量的水与幼儿一起和面,让幼儿感知面粉加水变黏,并逐渐成形、揉成团的过程,让他的小手充分和面粉接触。

(2) 和幼儿一起用成形的面团做揉、捏、拉、扯、切、团等动作,可做出馒头、面条、包子、饼干、月饼等的形状。

2. 情感支持。

面粉经济实惠,比买来的橡皮泥和彩泥还要安全卫生。2~3岁幼儿手部的精细动作还在发展中,给幼儿和面、揉面团、撕面团的机会,可以让幼儿的小手更加灵活。更重要的是,这样的活动能够安抚幼儿的神经系统,促进幼儿的触觉发育。

四、能干的我

表4-9 "能干的我"主题说明

设计意图	环境创设	领域目标		
		领域	已有经验	预期目标
这个月龄的幼儿自我意识开始萌芽，他们对"我"的概念特别感兴趣，特别想要尝试自己去做事情。他们在不断的尝试当中，不仅能锻炼自己的能力，而且能慢慢建立自信心。"我能做什么""我是能干的幼儿"，这是幼儿建立"我"的概念的第二步，也就是对自我内在的认知。在这个主题的活动中，需要幼儿小手、小脚动起来，在动的过程认识能干的自己	● 人际环境 　　随着幼儿能力的提高，教师们要接受幼儿会说"不"或"我自己来"，这是幼儿"自我"在成长的一个显著标志。幼儿愿意尝试做很多事情，也想要自己做很多决定。不管幼儿的尝试有多么笨拙，决定有多么违背成人的意愿，请尊重并给幼儿多一点时间，让他们"小小的我"在这样的尝试或者试错当中慢慢得到成长 ● 物理环境 　　1. 在走廊中悬挂穿着不同服饰和呈现不同动作形态的人物吊饰 　　2. 请幼儿做出自己开心、生气、难过、好奇等表情（也可以设置情境请幼儿做表情，如妈妈回家给你带了最爱吃的蛋糕等），教师拍照、装饰后布置在主题墙上 　　3. 墙上可以贴上不同的布料和纸制品，供幼儿观赏和触摸感知	感知觉发展	闻过不同的味道，摸过不同材质的物品	喜欢闻不同的味道，尝试猜出味道对应的物品，喜欢触摸不同材质的纸张
		动作发展	自己穿脱过衣服	能够自己穿脱简单的衣裤，尝试卷、拧等动作
		情绪和社会性发展	能坚持完成一项任务	能够在完成任务的过程中遇到困难时不放弃
		语言发展	愿意回答教师的提问	能够说出主要身体部位和五官的相应名称，能主动回答教师的提问
		认知发展	认识几种常见的身体器官	认识五官和身体主要部位，能认出照片中的熟人
		艺术表现发展	愿意用不同的材料进行创作	尝试用各种材料拼出脸部，尝试用不同的纸张进行艺术创作

主题1：能干的我

下面选取1个游戏活动、1个学习活动和1个家园互动活动进行主题说明。"鸡蛋壳贴画"活动，让幼儿用小手制作鸡蛋壳贴画，制作作品的过程可以给幼儿带来信心；"捡鸡蛋"活动，让幼儿知道通过劳动"能干的我"可以获得相应的收获；"自己剥的鸡蛋真好吃"家园互动活动，让幼儿知道自己的事情自己做，会有喜悦的感觉，在家庭当中也需要家长鼓励幼儿完成力所能及的事情。

> 游戏活动

创意区：鸡蛋壳贴画

"三心"目标：信心　　　　　　　　　　　　　　　　　　　　"三心"细化：自豪

聚焦领域：艺术表现发展、动作发展

★ 材料投放

碎鸡蛋壳、胶水、画纸(绘制了简笔画)。

★ 经验准备

幼儿用鸡蛋壳做过贴画。

★ 活动目标

1. 能够进行鸡蛋壳贴画。
2. 对自己的鸡蛋壳贴画作品感到自豪。

★ 操作方法

1. 在画纸上按照图案涂上胶水。
2. 在图案上贴上蛋壳。
3. 坚持在图案上贴满蛋壳。

★ 观察与建议

● 观察幼儿能否进行鸡蛋壳贴画。
● 观察幼儿是否对自己的鸡蛋壳贴画作品感到自豪。

> 学习活动

捡 鸡 蛋

"三心"目标：善心　　　　　　　　　　　　　　　　　　　　"三心"细化：责任

聚焦领域：动作发展

★ 活动目标

1. 能够帮助农民伯伯捡鸡蛋。
2. ⭐在教师协助下完成捡鸡蛋的任务。☀自己走过独木桥完成捡鸡蛋的任务。

★ 活动准备

环境：户外。

材料：熟鸡蛋(放在鸡窝里)、鸡窝(用碎纸和篮子制作)、鸡妈妈图卡(放在鸡窝旁边)、平衡木。

经验：⭐能熟练走路。☀走过平衡木。

(安全提示：平衡木旁边可以垫上软垫，防止幼儿倒下摔伤。)

★ 活动过程

1. 教师把幼儿带到"鸡窝"旁边。

师：看，母鸡下了蛋。

教师引导幼儿一起模仿母鸡下蛋"咯咯哒"的声音。

2. 教师拿出鸡蛋和篮子。

师：我们来帮助农民伯伯把鸡蛋捡回去吧。

3. 教师示范走过独木桥（平衡木），来到鸡窝旁，捡起一个鸡蛋，走过独木桥，把鸡蛋放在篮子里面。

4. 邀请幼儿一起参与捡鸡蛋的游戏。

⭐ 教师拉着幼儿一起走过桥捡鸡蛋。

☀ 教师鼓励幼儿自己走过独木桥捡鸡蛋。

5. 教师表扬所有的幼儿帮助农民伯伯捡回了鸡蛋。

★ 观察要点

● 幼儿能否帮助农民伯伯捡鸡蛋。

⭐ 幼儿能否在教师协助下完成捡鸡蛋的任务。

☀ 幼儿能否自己走过独木桥完成捡鸡蛋的任务。

家园互动

自己剥的鸡蛋真好吃

★ 目标

幼儿尝试自己剥鸡蛋，发现自己剥的鸡蛋真好吃。

★ 教师与家长的沟通

1. 告知家长让幼儿自己剥鸡蛋的必要性和好处。

（1）发展手部肌肉的精细动作能力；

（2）发展幼儿的观察能力；

（3）培养幼儿的自理能力；

（4）学习自己的事情自己做。

2. 解决家长的担忧与顾虑。

幼儿剥鸡蛋很费时，还剥不干净，是不是等幼儿大一点再说？其实从幼儿的视角来看，剥鸡蛋的过程是自我服务的过程，也是锻炼动手能力的过程。一日生活都是幼儿的课程，幼儿剥鸡蛋壳的时候小心翼翼、非常专注，为什么要放弃这样能够让幼儿专注的时刻呢？

★ 家长可以这样做

1. 操作方法。

（1）幼儿吃鸡蛋的时候，邀请幼儿自己尝试剥掉鸡蛋的外壳。必要的时候，爸爸妈妈可以示范指导。

（2）爸爸妈妈和幼儿一起吃鸡蛋的时候，可以让幼儿讲一讲在奇妙园学过的有关鸡蛋的故事，或是给幼儿讲一讲鸡蛋的营养和与鸡蛋有关的好玩的事情。

2. 情感支持。

剥鸡蛋壳这样的小事也是有技巧的，爸爸妈妈可以提前做些这方面的准备，告诉幼儿从哪个地方磕蛋会更容易剥。幼儿如果能够认真剥完一颗鸡蛋，爸爸妈妈要及时肯定和鼓励，因为剥鸡蛋对幼儿来说还真是一个大工程。幼儿如果能够吃到自己剥的鸡蛋，说不定会觉得味道都要香很多呢。及时地肯定和鼓励，也许会让幼儿更愿意学习自我服务呢。

主题2：能干的小手

下面选取1个游戏活动和1个学习活动进行主题说明。"长颈鹿手指画""包糖果"活动，让幼儿了解能干的小手可以通过一系列精细动作完成一些作品。

游戏活动

创意区：长颈鹿手指画

"三心"目标：信心　　　　　　　　　　　　　　　　　"三心"细化：自豪

聚焦领域：认知发展、感知觉发展

★ 材料投放

画笔、白纸、各种颜色的手绘颜料、颜料盘、倒背衣、湿巾、长颈鹿图卡。

★ 经验准备

有过涂鸦的经历。

（安全提示：保持场地的空旷，防止幼儿被绊倒。）

★ 活动目标

1. 能够用手指蘸取颜料点印作画。
2. 为用手指蘸颜料点印出长颈鹿而感到自豪。

★ 操作方法

1. 指认长颈鹿图卡：它有长长的脖子，尾巴是短短的。
2. 手指蘸取颜料印画：蘸取黄色的颜料后在纸上按压，先印出长长的脖子，再用黑色的颜料点压出它的眼睛。

★ 观察与建议

● 观察幼儿能否用手指蘸取颜料点印作画。
● 观察幼儿是否为用手指颜料点印出长颈鹿而感到自豪。
● 提醒幼儿用手指蘸取颜料轻轻按压在纸上。

★ 活动资源

图 4-28　长颈鹿手指画材料

学习活动

包　糖　果

"三心"目标：善心　　　　　　　　　　　　　　　　　　　　"三心"细化：关怀

聚焦领域：动作发展、情绪和社会性发展

★ 活动目标

1. 愿意包糖果，并练习卷、拧等动作。
2. 🌟 能够模仿教师包糖果的动作，体验帮助他人的快乐。☀ 能够独立完成包糖果的动作，体验帮助他人的快乐。

★ 活动准备

材料：收集的各种糖果的糖纸、类似糖果的方形泡沫块、橡皮泥丸。

经验：🌟 幼儿能模仿做动作。☀ 幼儿见过包装精美的糖果。

（安全提示：防止幼儿把假糖果放到嘴里。）

★ **活动过程**

1. 出示糖果。

师：你们吃过糖果吗？你们吃过的糖果是什么样子的？

2. 故事导入，引出主题。

师：小狗开了家糖果屋，这几天买糖果的人可多了，糖果都不够卖。小狗想请你们帮帮忙，一起来帮它包糖果。谁会包糖果吗？

3. 出示各种糖果材料，示范包糖果。

师：看，这些是小狗为大家准备的糖纸，有各种花纹的，是不是很漂亮？包在糖果外面，一定会有很多人喜欢。

4. 教师一边念儿歌，一边示范包糖果。

师：小糖纸桌上放，小糖果里面藏，上卷卷，下卷卷，左拧拧，右拧拧，小小糖果包好了。

5. 教师分步骤讲解包糖果的方法。

师：首先，我们要把糖纸平整地放在桌子上，取一块自己喜欢的糖放在糖纸的中间。接下来要把糖果藏起来，把上面的糖纸往下卷，把下面的糖纸往上卷。最后一步得看仔细哦，把左边的糖纸拧一拧，右边也一样，拧得紧紧的，糖果才不会掉出来。

6. 邀请幼儿尝试包糖果，教师巡回指导。

🌟 对于动手能力稍弱的幼儿可以适当给予帮助。

☀ 肯定幼儿，鼓励他们独自完成放、卷、拧的动作。

7. 请幼儿展示自己包的糖果。

师：宝贝们，你们的糖果包好了，小狗可开心了，因为它的糖果屋又可以开张了。小狗让我对你们说谢谢。

★ **观察要点**

● 幼儿是否愿意帮助小狗包糖果。

🌟 幼儿能否做出包糖果的动作，体验帮助别人的快乐。

☀ 幼儿是否能够独立完成包糖果的动作。

★ **活动资源**

童谣《包糖果》

我是一个糖果匠，

每天忙又忙。

糖纸卷一卷，

左右转一转，

手指跳着舞，

香甜糖果堆成山。

图 4-29 包糖纸材料

主题 3：能干的身体

下面选取 1 个游戏活动和 1 个学习活动进行主题说明。"爬垫子"和"小脚印画"活动，让幼儿了解自己的身体可以完成很多任务，给幼儿带来自信心。

游戏活动

大动作区：爬垫子

"三心"目标：信心　　　　　　　　　　　　　　　　　　　"三心"细化：毅力

聚焦领域：动作发展、认知发展

★ **材料投放**

软垫首尾相连排成一列，可以在中间设置独木桥、小山洞、楼梯等环节。

★ **经验准备**

幼儿能够独立行走、爬行，在成人辅助下上下楼。

（安全提示：提醒幼儿不要在玩耍时互相碰撞或摔伤。）

★ **活动目标**

1. 愿意尝试爬垫子，完成走独木桥、爬小山洞、走楼梯的活动。
2. 在爬垫子遇到困难时可以在教师的帮助下爬完全程。

★ **操作方法**

1. 幼儿可以自由在垫子上爬行。
2. 待幼儿熟悉后，教师可以带领幼儿以闯关的形式爬垫子。

3. 游戏结束后,请幼儿帮忙一起把垫子收好。

★ **观察与建议**

● 观察幼儿是否愿意尝试爬垫子,完成走独木桥、爬小山洞、走楼梯。
● 观察幼儿是否在爬垫子遇到困难时可以在教师的帮助下爬完全程。
● 注意在幼儿遇到困难或想要绕过障碍物时鼓励幼儿尝试。

学习活动

小 脚 印 画

"三心"目标:信心　　　　　　　　　　　　　　　"三心"细分:自豪
聚焦领域:艺术表现发展、认知发展

★ **活动目标**

1. 能够用小脚进行印画。
2. 🌟 用小脚印出图案后感到高兴。　☀ 用小脚拓印出创意图案后有自豪感。

★ **活动准备**

材料:儿歌《小脚印画》、海绵、颜料、画纸或画布(长度2~3 m)、毛巾。

经验:🌟 有过印画的经历。　☀ 初步感知小脚的形状。

(安全提示:印画后要及时洗掉颜料,防止幼儿因脚上沾了颜料踩到地上滑倒。)

★ **活动过程**

1. 幼儿脱掉袜子后,围坐一圈,教师播放儿歌《小脚印画》,并引导幼儿观察自己的小脚。

师:我们的小脚是什么样的?

2. 教师引导幼儿说一说小脚可以干什么。

师:小脚可以走路,可以踢球,还可以画画呢!

3. 教师将画纸平铺在地面上,双脚蘸取颜料进行印画。

师:看,小脚踩出来一条小路。

4. 邀请幼儿尝试小脚印画。

🌟 鼓励幼儿用脚蘸颜料,并大胆踩在画纸上。

☀ 鼓励幼儿用脚踩出创意图案。

5. 小结:小朋友们,今天我们一起完成了一幅美丽的作品,我们可以将作品布置在主题墙上。

★ **观察要点**

● 幼儿能否用小脚进行印画。

⭐ 幼儿能否用小脚印出图案后感到高兴。
🌞 幼儿能否在用小脚拓印出创意图案后有自豪感。

★ 活动资源

儿歌《小脚印画》

踩踩踩,跳跳跳,
跳出小小鱼,游在湖水里。
踩踩踩,跳跳跳,
踩出点点星,北斗挂天空。

主题4：好玩的纸

下面选取1个游戏活动、1个学习活动和1个家园互动活动进行主题说明。"会吸水的纸""纸的家族""玩纸"活动，符合该年龄段幼儿的特点，通过玩纸幼儿可以提高自己的认知，也可以通过完成一些纸质作品来提升自信心。

游戏活动

感官实验区：会吸水的纸

"三心"目标：好奇心　　　　　　　　　　　　　　　　"三心"细化：兴趣
聚焦领域：感知觉发展、认知发展

★ 材料投放

不同硬度和光滑度的纸，如餐巾纸、广告纸、宣纸、卡纸、报纸、糖纸等；透明塑料杯、稀释的蓝色颜料水、托盘。

★ 经验准备

幼儿上过各种各样有关纸的课程。

★ 活动目标

1. 知道纸具有吸水性。
2. 能够观察并感知餐巾纸和打印纸的吸水性是不同的。

★ 操作方法

1. 能够用手把餐巾纸和打印纸折叠成条，一端放到空塑料瓶里，一端放入一杯蓝色颜料水里。
2. 能够观察并发现两种纸吸水性的不同。

★ 观察与建议

● 观察幼儿是否对探索纸的吸水性感兴趣。

- 观察幼儿能否发现两种纸吸水性的不同。
- 当幼儿进行实验操作时,教师引导幼儿观察吸水性最强的纸的变化。

★ 活动资源

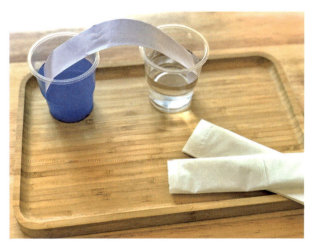

图 4-30 会吸水的纸

学习活动

纸 的 家 族

"三心"目标:好奇心　　　　　　　　　　　　"三心"细化:兴趣

聚焦领域:认知发展、感知觉发展

★ 活动目标

1. 对不同质地的纸感到好奇。

2. ⭐对摸一摸、指一指不同类型的纸有兴趣。☀对运用感官感知常见的纸以及了解纸的用途充满兴趣。

★ 活动准备

材料:餐巾纸、书写纸、皱纹纸、广告纸、糖果纸、神秘盒子。

经验:⭐幼儿能够模仿教师的动作。☀幼儿有使用一些纸的经验。

★ 活动过程

1. 教师出示神秘盒子,吸引幼儿的兴趣。

师:小朋友们,你们看,老师手里有一个宝盒,里面是纸家族的成员,今天我们一起来认识这些不同的纸吧。不过纸宝宝很害羞,需要一个勇敢的小朋友把它取出来,谁愿意来试试?

2. 教师根据幼儿取出的纸进行介绍。

师：这个小朋友摸到的是什么，你们认识吗？谁能告诉我？对了，是餐巾纸。餐巾纸的用处可大了，它能帮我们擦鼻涕、擦眼泪。是的，擦过鼻涕、眼泪的餐巾纸就脏了，要把它们扔到哪里？（垃圾筒）

3. 教师再次邀请幼儿伸手进宝盒取纸，继续介绍书写纸（白色的，可以用来写字、画画），糖果纸（有漂亮的花纹，包裹好吃的糖），广告纸（硬硬的，摸起来很光滑）。

🌟 幼儿摸一摸，指一指。

☀️ 能够主动触摸，并积极说出纸的名称和用途。

4. 教师把四种不同的纸放到一起，带领幼儿一起感受纸的质地，分别看一看、摸一摸、甩一甩，说说有什么不一样。

🌟 能够模仿教师的动作，摸一摸、甩一甩。

☀️ 能够通过感知，分辨出硬度、厚度等的不同。

5. 一起找一找、摸一摸教室里其他用纸做的东西。

教师和幼儿一起说一说纸的名称，把纸投放到材料区里和其他纸放在一起。

★ 观察要点

● 幼儿是否对宝盒里的纸好奇。

🌟 幼儿是否对触摸和感知不同的纸有兴趣。

☀️ 幼儿能否说出常见纸的名称和用途。

家园互动

玩　　纸

★ 目标

幼儿在家里也可以有机会玩各种各样纸的游戏，体验玩纸的乐趣。

★ 教师与家长的沟通

1. 告知家长让幼儿玩纸的必要性和好处。
（1）加强幼儿对各种各样纸的认知；
（2）发展幼儿的好奇心和想象力；
（3）发展幼儿的动手能力；
（4）发展幼儿的兴趣，满足幼儿的求知欲。

2. 解决家长的担忧与顾虑。

很多家长对幼儿玩纸并不赞成，认为撕纸是浪费。但在幼儿眼里，一切都可以成为玩具，一包纸巾就可以玩很久。纸既经济实惠又容易获取，与其把幼儿想玩的东西束之高阁,不如彻底让幼儿探索一番,说不定会有意外的收获。

★ 家长可以这样做

1. 操作方法。

（1）幼儿想玩纸巾,就陪他玩,如：用颜料晕染纸巾,观察纸巾的吸水性;在纸巾上画画;用纸巾撕"面条"……和幼儿一起探索纸巾的多种玩法。

（2）给幼儿提供广告纸、书写纸、彩色卡纸、皱纹纸,看看幼儿是怎么玩的。可与幼儿一起用报纸做游戏,如剪纸、抠洞,锻炼幼儿手部肌肉,发展幼儿的想象力。

2. 情感支持。

纸的用途很多,生活中的纸也多种多样。和幼儿一起认识纸、探索纸,从生活中常见的纸入手,会发现原来我们的生活真的离不开纸! 家长的引导,幼儿会更善于发现新事物,同时家长也成为幼儿最好的陪伴者。

五、再见,奇妙园

表4-10 "再见,奇妙园"主题说明

设计意图	环境创设	领域目标		
		领域	已有经验	预期目标
转眼间到了离别的时候,在奇妙园的一年是神奇的一年,幼儿第一次离开家,进入到奇妙园的小社会当中,学习跟教师和同学们相处,一起学习、游戏和成长。现在幼儿又要经历人生中第一次的"离别",学习告别是人生中重要的一课,需要跟好朋友和教师告别,需要跟奇妙园告别,告别的时候会乘着汽车还是飞机呢?	● 人际环境 　　经过一年的奇妙园学习和生活,幼儿会对自己的成长有骄傲感和喜悦感,教师可以帮助幼儿回忆这一年有什么能力上的成长 　　在离园的时刻,教师们要注意帮助幼儿理解离别,体验离别的情绪,好好跟教师、同伴和奇妙园告别。教师们也要让幼儿对未来的幼儿园生活充满向往 ● 物理环境 　　1. 主题墙互动元素：可以用硬纸板制作可转动的轮子。在墙上布置街道图案、迷宫图案,幼儿可以把小汽车放在图案上开一开 　　2. 布置飞机场和天空的画面场景,呈现飞机停靠在飞机场以及在蓝天白云中飞行的样子 　　3. 照片墙：奇妙园一年中的活动照片	感知觉发展	喜欢触摸不同的物品	能够感受物品的大和小
		动作发展	玩过、骑过常见的儿童车	尝试玩、骑不同种类的儿童车
		情绪和社会性发展	喜欢和同伴、教师在一起	愿意对同伴表达喜爱,愿意对老师表示感恩
		语言发展	喜欢听故事、读绘本	能够简单复述故事主要情节
		认知发展	能够比较大小	能够通过比较,感知自己的成长变化
		艺术表现发展	喜欢用不同的材料进行装饰	能够用不同的材料、装饰,表达自己的感情

主题1：我长大了

下面选取1个游戏活动和1个学习活动进行主题说明。"套娃排排队"活动,让幼儿从套娃的大小变化当中感受自己也在慢慢长大;"我长大了"活动,让幼儿感受自己一年间的变化。

游戏活动

益智区：套娃排排队

"三心"目标：信心　　　　　　　　　　　　　　　　　　　　"三心"细化：乐观

聚焦领域：动作发展、认知发展

★ **环境**

墙面贴上"我长大了"主题海报。

★ **材料投放**

套娃若干套。

★ **经验准备**

幼儿知道大和小。

★ **活动目标**

1. 能够按照从大到小或从小到大的顺序给套娃排队。
2. 乐于按照顺序展开和收起所有的套娃。

★ **操作方法**

1. 用手打开所有套娃,并按照大小正确配对。
2. 按照一定的顺序给套娃排序,指出大和小。

★ **观察与建议**

- 观察幼儿能否按照顺序给套娃排队。
- 观察幼儿能否按照大小正确配对套娃。
- 对于排序有困难的幼儿,教师要适当帮助。

学习活动

我长大了

"三心"目标：好奇心　　　　　　　　　　　　　　　　　　　"三心"细化：喜悦

聚焦领域：感知觉发展、认知发展

★ 活动目标

1. 对比较衣物的大小充满好奇。
2. 🌟 乐于通过比一比、试一试,感知自己的变化。☀️ 通过比较物品的大小感知自己的成长变化,并感到开心。

★ 活动准备

材料:幼儿小时候和当下的衣服、裤子或鞋子,班级里一名幼儿的百天照片和现在的照片,长颈鹿身高贴。

经验:🌟 幼儿有辨别自己衣服的经验。☀️ 幼儿有比较大小的经验。

★ 活动过程

1. 教师拿出一名幼儿的百天照片,吸引大家猜测。

师:这是谁呀?是谁家的孩子?不认识?那你看看这是谁(拿出现在的照片)?哈哈哈,是咱们班的×××小朋友。

2. 教师拿出一件小婴儿的衣服和现在的衣服(可以选另一名幼儿)。

师:这是谁穿的?(小宝宝)是哪个小宝宝?这是谁的衣服?(拿出现在的衣服)认出来了吗?这是×××的。这两件衣服是同一个人的,可是差别好大啊。原来×××小朋友长大了。

3. 教师把爸爸妈妈带来的每个幼儿小时候和现在的衣物分发到幼儿手里。

师:老师让爸爸妈妈也给每个小朋友带来了小时候穿的衣服、鞋子、裤子和现在穿的衣服、鞋子、裤子,我们一起来比一比、看一看你们长大了没有。

4. 教师介绍裤子、鞋子比大小的方法。

🌟 引导幼儿把裤腰对齐比大小,把鞋子的鞋跟对齐比大小。

☀️ 鼓励幼儿帮助同伴比大小,并相互交流。

5. 小结:通过对比,我们发现每个小朋友都长高了,都比以前强壮了。你们想不想知道自己有多高?我们一起到长颈鹿先生那里量一量吧。

★ 观察要点

● 幼儿是否对比较衣物的大小感兴趣。

🌟 幼儿能否跟随教师对比物品大小。

☀️ 幼儿能否通过对比物品大小感知成长的快乐。

主题2:回忆相册

下面选取1个游戏活动和1个学习活动进行主题说明。"会说话的相册""成长相册"活动,让幼儿从班级相册、成长相册当中回忆一年中发生的事情,对奇妙园一年的生活有一个回顾,缓解离园的不舍情绪。

游戏活动

听读区:会说话的相册

"三心"目标:好奇心　　　　　　　　　　　　　　　　　"三心"细化:兴趣

聚焦领域:语言发展、认知发展

★ **材料投放**

班级幼儿的活动相册若干本,点读笔(提前录制照片中幼儿想对同伴说的话,并在对应的照片上贴上点读记号)。

★ **活动目标**

1. 对会说话的班级相册充满好奇。
2. 对翻阅班级相册感兴趣,并乐于和同伴分享相册的内容。

★ **操作方法**

1. 认真翻阅相册,并和同伴交流相册内容。
2. 正确操作点读笔,倾听相册中同伴的声音和祝福。

★ **观察与建议**

- 观察幼儿是否对观看会说话的相册感兴趣。
- 观察幼儿是否愿意和同伴分享相册的内容与故事。
- 当幼儿操作点读笔有困难时,教师可以单独指导。

学习活动

成 长 相 册

"三心"目标:信心　　　　　　　　　　　　　　　　　"三心"细化:乐观

聚焦领域:语言发展、认知发展

★ **活动目标**

1. 对展示和介绍自己的成长相册充满信心。
2. 🌟乐于展示、指认自己的照片。☀乐于介绍自己的照片,分享自己的故事。

★ **活动准备**

材料:收集每个幼儿在奇妙园的成长照片若干张,做成幼儿个体和集体成长相册(照片书)。

经验:🌟幼儿能指认照片中的自己。☀幼儿能用语言介绍自己。

★ **活动过程**

1. 教师拿出一个班级幼儿的成长相册,引起大家的注意。

师:小朋友们,你们看,这是谁?(指着封面)哦,你们都认出来了,是×××、×××。他们在干什么啊?我们请×××小朋友说一说好不好?

2. 教师引导幼儿一张一张翻看相册,从刚进入奇妙园的时候到最新的照片,并说一说、指一指、认一认,教师可辅助幼儿回忆班级活动的历程。

🌟 指一指,认一认,听一听。

☀️ 能够积极说出相册中的人及其行为。

3. 教师把每个幼儿的成长相册分发给幼儿,请幼儿看一看自己在干什么,两个人一组分享一下,相互交换看一看。

🌟 能够指认自己,并认真翻看。

☀️ 能够展示和分享自己的想法。

4. 教师邀请个别幼儿向大家介绍自己的成长相册。

5. 小结:这是大家在奇妙园里成长的照片,每个小朋友都长大了,长高了。回家后把相册拿给爸爸妈妈看,给他们讲一讲你的故事吧。

★ **观察要点**

● 幼儿是否对展示和介绍自己的照片有信心。

🌟 幼儿是否乐于展示和指认自己的照片。

☀️ 幼儿能否分享自己照片中的故事。

主题3:和好朋友说再见

下面选取1个游戏活动和1个学习活动进行主题说明。"好朋友""找一个朋友抱一抱"活动,让幼儿通过活动表达对好朋友的喜爱和不舍之情。

游戏活动

听读区:好朋友

"三心"目标:好奇心　　　　　　　　　　　　　　　　　　"三心"细化:兴趣
聚焦领域:语言发展、情绪和社会性发展

★ **材料投放**

绘本《好朋友》。

★ 经验准备

幼儿对听故事有兴趣。

★ 活动目标

1. 对绘本中的小动物充满好奇。
2. 能够认真听绘本故事、翻看绘本。

★ 操作方法

1. 能够认真倾听绘本故事《好朋友》。
2. 能够动手翻看绘本,指认里面的动物。

★ 观察与建议

● 观察幼儿是否对倾听绘本《好朋友》有兴趣。
● 观察幼儿能否翻看绘本,指认里面的小动物,理解故事。
● 当幼儿理解故事有困难时,教师可以帮其解读故事。

学习活动

找一个朋友抱一抱

"三心"目标:信心　　　　　　　　　　　　　　　　"三心"细化:乐观

聚焦领域:情绪和社会性发展、艺术表现发展

★ 活动目标

1. 乐于参与音乐游戏,愿意用抱一抱表达喜欢之情。

2. 🌟 能够和同伴一起跟随音乐做动作,感受音乐节奏。 ☀ 能够和同伴一起跟随音乐的节奏做动作,知道向好朋友表达对他们的喜欢。

★ 活动准备

材料:音乐《找一个朋友抱一抱》。

经验:🌟 幼儿能听懂教师的简单指令。 ☀ 幼儿有玩音乐游戏的经验。

(安全提示:提醒幼儿轻轻地抱,以免摔跤。)

★ 活动过程

1. 播放音乐《找一个朋友抱一抱》,请幼儿闭上眼睛认真听。

师:你们听到音乐里说了什么?谁来给小朋友们讲一讲?

师:这段音乐里说让我们找一个朋友,你们有好朋友吗?你们的好朋友是谁?能告诉老师吗?

师:找到朋友之后要抱一抱。为什么要抱一抱呢?是的,抱一抱可以表达对朋友的喜欢。现在你能和你的好朋友抱一抱吗?

2. 播放音乐,教师示范游戏,找到现场每名幼儿抱一抱。

3. 教师播放音乐，大家一起来玩游戏。

提示规则："找一个朋友"的时候，我们可以走来走去；当唱到"抱一抱"的时候，就抱住身边的小伙伴，每一次抱不同的小伙伴，不要总是抱住一个不放。

🌟 在唱到"抱一抱"时，提醒幼儿做动作，并提醒幼儿轻轻地抱，不要摔倒。遇到害羞的幼儿，教师主动抱一抱他。

☀️ 鼓励幼儿跟随音乐节拍做动作。

4. 小结：抱一抱是我们表达喜欢的一种方式，但是拥抱的时候要轻轻的。要向好朋友表达喜欢还有哪些方式？是的，握握手、亲一亲，都是表达喜欢的方式。回家向爸爸妈妈表达你对他们的喜欢之情吧。

★ 观察要点

- 幼儿是否喜欢音乐游戏，愿意跟着音乐做动作。
- 🌟 幼儿能否跟随音乐和朋友拥抱。
- ☀️ 幼儿能否跟随音乐的节拍做动作，是否知道向好朋友表达对他们的喜欢。

★ 活动资源

音乐《找一个朋友抱一抱》

找一个朋友抱一抱，

左拍手，右拍手，

我的朋友就是你。

找一个朋友抱一抱，

左拍手，右拍手，

我的朋友就是你。

主题4：再见，奇妙园

下面选取1个游戏活动、1个学习活动和1个家园互动活动进行主题说明。"你好，幼儿园"活动，让幼儿认识到自己即将升入幼儿园，对幼儿园有初步的认知；"再见，奇妙园"活动，让幼儿抒发自己的离园情绪，表达对教师、同伴和奇妙园的不舍；"毕业准备"家园互动活动，让家长帮助幼儿做好一些毕业的准备工作，缓解离园的分离情绪以及表达成长的喜悦。

游戏活动

听读区：你好，幼儿园

"三心"目标：信心　　　　　　　　　　　　"三心"细化：乐观

聚焦领域：语言发展、认知发展

★ 材料投放

绘本《你好,幼儿园》。

★ 经验准备

幼儿知道自己将要上幼儿园。

★ 活动目标

1. 对倾听和理解绘本《你好,幼儿园》有信心。
2. 能够认真听读绘本,乐于了解幼儿园的事情。

★ 操作方法

1. 认真倾听绘本《你好,幼儿园》。
2. 能够主动翻阅并说出《你好,幼儿园》绘本中的主要内容。

★ 观察与建议

- 观察幼儿能否认真倾听绘本。
- 观察幼儿能否主动翻阅并说出绘本中的内容。
- 当幼儿理解绘本有困难时,教师可以适当指导,帮助幼儿回忆绘本内容。

学习活动

再见,奇妙园

"三心"目标:善心　　　　　　　　　　　　　　　　"三心"细化:合作

聚焦领域:语言发展、动作发展

★ 活动目标

1. 知道自己要毕业了,能够用语言表达自己对同伴和奇妙园的善意。
2. ⭐ 愿意和同伴一起游戏、告别、拍照。☀ 能够和同伴一起回顾奇妙园的生活,相互告别。

★ 活动准备

材料:儿歌《祝福》,幼儿每人准备一份小礼物,代表祝福的纸飞机若干。

经验:⭐ 幼儿能够听懂教师的简单指令。☀ 幼儿有交换礼物的经验。

★ 活动过程

1. 播放儿歌《祝福》,幼儿们手拉手站好。

师:小朋友,今天你们就要毕业了,完成了托班的学习,很快就能上幼儿园了。今天我们就一起和奇妙园里陪伴你们的老师、小朋友,还有奇妙园里的小动物、小植物、小物品们告别吧。

2. 教师带领幼儿在奇妙园里走一圈,和奇妙园里的教师、同伴、小植物和小动物们告别,并大声说:"再见了,奇妙园里的小朋友!再见了,奇妙园里的小板凳!谢谢你们陪伴我……"

3. 幼儿和教师一起拿起代表祝福和梦想的纸飞机,让纸飞机在教室里飞起来。

⭐ 能够模仿教师的动作扔纸飞机。

☀️ 积极主动地和同伴扔纸飞机。

4. 教师引导幼儿互相交换礼物,和对方拥抱告别。
5. 合影留念。
6. 小结:小朋友们,离开奇妙园后你们就变成幼儿园的小朋友了,你们要做好哥哥姐姐,以后常回奇妙园看一看,来和弟弟妹妹一起玩游戏哦。

★ 观察要点

● 幼儿能否表达自己对奇妙园和同伴的善意。

⭐ 幼儿能否和同伴一起游戏。

☀️ 幼儿能否和同伴交换礼物,表达情感。

★ 活动资源

儿歌《祝福》

祝福,祝福你快乐!

祝福,祝福你健康!

祝福就像水果糖,

又甜又香,嘎嘎响。

家园互动

毕 业 准 备

★ 目标

幼儿知道自己要离开托班上幼儿园了,感受成长中的离别与快乐。

★ 教师与家长的沟通

1. 告知家长让幼儿知道毕业的必要性和好处。
(1) 增强幼儿对未来事情的预期,做好心理准备;
(2) 发展幼儿的情绪情感,增强幼儿的情感体验;
(3) 让幼儿学习表达自己的感受,发展社会意识;
(4) 促进幼儿的社会认知,发展幼儿的交往能力。
2. 解决家长的担忧与顾虑。

面临离别,幼儿会是开心的还是伤心的?幼儿会不会因为离别感到难过?其实幼儿很容易受周边环境的影响,情绪来得快去得也快。上幼儿园是幼儿人生中的一个重要阶段,应该让幼儿充满期待,所以,要让幼儿感受到成长的快乐。幼儿之间可以通过赠送自制的礼物等方式表达感谢,表达祝福。家长可以通过这些方式让幼儿做好心理准备,通过有仪式感的活动,让幼儿在步入新的人生阶段时过渡得更加顺利。

★ **家长可以这样做**

1. 操作方法。

(1) 和幼儿一起回顾奇妙园里有趣的事情,观看班级相册、幼儿成长相册,告诉幼儿可以给自己的好朋友做一些礼物,以后可以邀请朋友到家里玩。

(2) 和幼儿一起做手工,为教师和好朋友准备毕业礼物,送上对他们的祝福。

2. 情感支持。

上幼儿园是幼儿人生中一个重要的阶段,有了托班的经历,幼儿更容易适应幼儿园的生活,所以要从情感上支持幼儿,帮助幼儿完成这个过渡。有仪式感的毕业活动、赠送礼物活动,可以让幼儿的情感有所寄托,有利于他们顺利过渡到下一个阶段。

图书在版编目(CIP)数据

"活教育"中的托育课程建构与实施/蔡樟清主编. —上海：
复旦大学出版社，2021.11(2023.7 重印)
(幼儿园"活教育"课程丛书/周念丽总主编)
ISBN 978-7-309-15894-6

Ⅰ.①活… Ⅱ.①蔡… Ⅲ.①学前教育-教育研究 Ⅳ.①G61

中国版本图书馆 CIP 数据核字(2021)第 176172 号

"活教育"中的托育课程建构与实施
蔡樟清 主编
责任编辑/赵连光

复旦大学出版社有限公司出版发行
上海市国权路 579 号 邮编：200433
网址：fupnet@fudanpress.com http://www.fudanpress.com
门市零售：86-21-65102580 团体订购：86-21-65104505
出版部电话：86-21-65642845
上海丽佳制版印刷有限公司

开本 787×1092 1/16 印张 11.25 字数 240 千
2023 年 7 月第 1 版第 2 次印刷
印数 4 101—6 200

ISBN 978-7-309-15894-6/G·2295
定价：50.00 元

如有印装质量问题，请向复旦大学出版社有限公司出版部调换。
版权所有 侵权必究